Hohenheim
● ● ●

Manfred Rommels
Schwäbisches Allerlei

Eine bunte Sammlung
pfiffiger Sprüche, witziger Gedichte
und zumeist amüsanter Geschichten

Hohenheim Verlag
Stuttgart · Leipzig

3. Auflage 2009
© 2008 Hohenheim Verlag GmbH, Stuttgart · Leipzig
Alle Rechte vorbehalten
Satz: Satz & mehr, Besigheim
Druck und Bindearbeiten:
CPI Moravia Books GmbH, Korneuburg
Printed in Austria

ISBN 978-3-89850-170-5

Inhalt

Einstimmung: Wie man Schwabe wird. 7

Sprüche und Fundstücke. *10*
– Menschheit und Menschen. 10
– Lebensweisheiten. 15
– Philosophisches. 21
– Aus Natur und Gesellschaft 24
– Die Politik und die Politiker 30
– Über die Demokratie. 37
– Vergangenheit und Zukunft. 39
– Die Wirtschaft und die Wunderwelt des Geldes 46
– Kultur und Bildung, Kunst und Musik. 51
– Kuriositäten. 57

Vermischte Gedichte. 58

Kennen Sie den?. 73

Geschichten aus Deutsch-Südwest 91

In eigener Sache. 149
– Was nicht an mir liegt 149
– Die Befreiung der Lyrik 149

... 5 ...

- Die eigenen Reden. 150
- Eine fremde Katze oder Die besonders
  erfolgreiche Art der Hausbesetzung 150
- Die Alten und das Risiko. 156
- Ein Rommel als „Tranksteuereinnehmer". 159

Einstimmung:
Wie man Schwabe wird

Wer dieses Buch liest, wird nach kurzer Zeit erkennen, daß es wesentlich von einem Schwaben geschrieben wurde, nämlich von mir. Er wird weiter erkennen, daß das wichtigste Ziel eines Schwaben ist, Menschen, die keine Schwaben sind, eine Vorstellung vom schwäbischen Wesen nahezubringen. Der pädagogische Trieb ist bei uns besonders stark ausgeprägt, jeder von uns kann ihn aktivieren.

In der Zeitspanne, in der Europa zusammenwächst, halten wir Schwaben es beispielsweise für wichtig, daß Zu- und Eingewanderte mit der schwäbischen Kehrwoche vertraut gemacht werden. Dies gelingt nur durch Erziehung. Wo erzogen werden soll, ist die Kontrolle wichtig. Diese erfolgt in der Regel durch das Deponieren eines Wollfadens in einem Eck des zu säubernden Raums an einer Stelle, die zwar nicht ohne weiteres zugänglich, aber doch für den Kehrwochenverpflichteten erreichbar ist. Ist der Wollfaden nach dem Kehren weg, hat der Prüfling bestanden; ist er noch da, ist er durchgefallen und muß die Prüfung wiederholen.

Wer einmal der gutgemeinten, aber zumeist lautstark vorgetragenen Kritik seiner Mitbewohner an der Reinigungsleistung eines Neuzugezogenen beigewohnt hat, ist schon halb in die schwäbische Kultur integriert. Das heißt, er ist ein halber Schwabe geworden. Denn Schwabe wird man nicht durch Abstammung, sondern durch Anpassung.

Die Versuche, das schwäbische Wesen durch die Mendelschen Vererbungsgesetze zu erklären, haben nicht nur ein politisches Geschmäckle, sondern sind wie jeder, der ein bißchen rechnen gelernt hat, erkennen kann, zum Scheitern verurteilt. Zum Beispiel hat jeder Mensch vor 15 Generationen zwei hoch 15 gleich 32.768 Vorfahren gehabt. Für die Zeit nach den Römern wird unser Land als Heimat eines germanisch-keltisch-römischen Mischvolkes geschildert. Man kann sich vorstellen, wie unterschiedlich das Herkommen der hiesigen Bürger war.

Der eine kam aus Italien hierher, der andere aus Gallien und der nächste aus Sachsen. Es hat sich gezeigt, daß die Vermengung ein äußerst positives Ergebnis gehabt hat, so daß es auch heute nicht darauf ankommt, ob Vorfahren in Sibirien, in Indonesien, in Kairo, in Münsingen oder in Istanbul gelebt haben. Es kommt nur darauf an, ob in der Brust ein schwäbisch fühlendes Herz schlägt und im Kopf für die Schwaben typische Denkweisen angewendet werden. Der Schwabe hat nämlich nicht nur eine einzige Meinung, sondern mehrere, die sich widersprechen und sich im ständigen Konflikt befinden. So besitzt der Schwabe die Wahrheit noch nicht, hofft aber, daß er sie findet.

Es gibt den geistigen, theoretischen Schwaben und den praktischen. Der theoretische Schwabe ist mit sich selbst erst zufrieden, wenn das, was er denkt, von keinem anderen verstanden wird. Hegel behauptet mit Stolz, daß das auf seine Philosophie zutrifft, die außer seinem

Assistenten Rosenkranz niemand versteht und die selbst Rosenkranz nur lückenhaft kennt. Der praktische Schwabe will, daß das, was er tut, funktioniert, wobei gleich ist, was. Das hat uns zu einem technischen Spitzenland gemacht.

Zur Illustrierung dieser Erkenntnis erzähle ich gern und immer wieder folgende Geschichte: Während der Französischen Revolution reisten ein Bayer und ein Schwabe nach Paris, um dort Geschäfte zu machen. Sie wurden aber als Spione verdächtigt, zum Tode verurteilt und zur Guillotine gekarrt. Der Schwabe machte darauf aufmerksam, daß Bayern alphabetisch vor Württemberg komme, worauf das die Guillotine bedienende Personal den Bayern packte und unter das Fallbeil schob. Aber in ihm klemmte etwas, und das Beil fiel nicht herunter. Alle Bemühungen blieben ergebnislos, so daß die Bedienungsmannschaft dem Bayern die Freiheit schenkte und den Schwaben ergriff. Dieser rief aber: „Da lieg ich erst drunter, wenn das repariert ist!"

Möge diese Gesinnung uns Schwaben erhalten bleiben und sich auch weiter in Europa ausbreiten, damit wir in der globalen Welt erfolgreich sein können. Diesem Ziel dient dieses Buch.

Manfred Rommel

Sprüche und Fundstücke

Menschheit und Menschen

Wir sind ausgebildete Unzufriedene.

Provinz ist kein Ort, sondern ein Zustand. Auf eine provinzielle Gesinnung deutet hin, wenn jemand vorgibt oder sogar daran glaubt, daß ihm nichts gefällt.

Die schlechte Meinung, die der Mensch von der Welt hat, ist oft die schlechte Meinung, die sein eigenes Gewissen von ihm hat.

Durch Selbstbeobachtung habe ich festgestellt, daß ich am liebsten dort applaudiere, wo etwas gesagt wird, was ich schon weiß und auch für richtig halte.

Der Mensch hält gerne das, was er sich im Kopfe ausgedacht hat, für wahrer als das, was er mit den Augen sieht.

Der Pessimist hat nur angenehme Überraschungen, der Optimist nur unangenehme.

Äußere nie eine Meinung, solange du noch keine hast.

Man kann sich auch ohne Ziel bewegen, aber wer mehrmals an derselben Stelle vorbeikommt, sollte eigentlich merken, daß er im Kreise läuft.

Mark Twain schildert in „Roughing It", wie sich eine Reiterschar im Schnee verirrt hat. Sie stieß plötzlich auf viele Pferdespuren, die sie in die Annahme versetzte, sie sei auf dem richtigen Weg. Die Spuren vermehrten sich, was sie in ihrer Meinung bestärkte. Schließlich merkte sie, daß sie im Kreise geritten und ihren eigenen Spuren gefolgt war.

Die Pädagogen können die Dummheit zwar nicht vertreiben, aber mit Selbstbewußtsein ausstatten.

Wenn du schon etwas Falsches sagen willst, sprich wenigstens undeutlich.

Wo die Ausnahmen größer sind als die Regel, verschwindet die Regel.

Es ist nicht so, daß wir zur Vernunft unfähig wären, aber wir halten deren Ergebnisse nicht aus.

Ich bin schon deshalb ein Patriot, weil es mir peinlich ist, wenn ein Deutscher einen Blödsinn sagt.

Die Suche nach einer besseren Meinung ähnelt der Suche nach einer Brille, die man fände, wenn man sie hätte.

Hört auf euch zu entschuldigen, sucht lieber, was falsch war.

Die größte Unordnung entsteht durch den Versuch, Sachen eines anderen Menschen zu ordnen.

Wo der Klügere immer nachgibt, setzt sich die Dummheit fest.

Es geht uns gut, aber wir fühlen uns schlechter, als es uns geht – im Unterschied zu jenen glücklichen Menschen, die sich besser fühlen, als es ihnen geht.

Der Mensch als Opfer seiner Erwartungen: Wenn ich ein neues Auto kaufe, habe ich die Wahl, entweder den aussichtslosen Kampf gegen Abnützung und Alterung zu führen oder mich damit abzufinden, daß das Auto durch den Gebrauch nicht schöner wird. Wir haben uns, als wir ein neues Auto kauften, entschlossen, von vorn herein in dessen Außenhaut Beulen und Kratzer nicht zu reparieren, sondern nur die betroffenen Stellen gegen Rost zu schützen. Das war eine glückliche Entscheidung. Während andere hohe Kosten für Schönheitsreparaturen tragen mußten und sich maßlos über jeden neuen Schaden ärgerten, freute ich mich über jeden neuen Schaden, weil ich mir vorstellte, wie sehr ich mich geärgert hätte, wenn der alte Schaden repariert worden wäre. Auch verringerte sich die Gefahr, das Fahrzeug könnte gestohlen werden, von Beule zu Beule. Je mehr Beulen und Kratzer, desto größer das Wohlbefinden. Die Tür zum Glück steht offen, man muß nur hindurchgehen.

... 12 ...

Entgegen weitverbreiteter Vorurteile stirbt kein Soldat gerne den Heldentod, so wie sich auch kein Polizist gerne erschießen läßt und kein Feuerwehrmann gerne verbrennt.

Man soll nie tun, was der Gegner sich wünscht, daß man es tut, lautet eine taktische Grundregel.

Manche Regel besteht nur dadurch, daß sie durch Ausnahmen bestätigt wird.

Der Schwache zweifelt vor der Entscheidung, der Starke danach.

Unangenehme Nachrichten überbringt niemand gern, weil der Ärger des Adressaten eher den nahen Boten als den fernen Schuldigen trifft.

Per Saldo hat der Menschheit Blindheit mehr geschadet als Bosheit.

Einen starken Charakter wurde und wird als Fels in der Brandung oder als rocher de bronze bezeichnet. Heute steht ein ganz anderer Typ Mensch im Vordergrund: Der Bimssteinmensch. Bimsstein ist leicht und hat eine riesige Oberfläche, nämlich je Gramm bis zu hundert Quadratmeter. Deshalb ist der Bimsstein für die Trinkwassergewinnung wichtig, weil an ihm viel Dreck hängenbleibt.

Friedrich Nietzsche. „Der Irrsinn ist bei einzelnen etwas Seltenes – aber bei Gruppen, Parteien, Völkern, Zeiten die Regel."

Wenn jemand sagt „Wir meinen", weist das entweder darauf hin, daß er ein regierender Fürst ist oder daß er gar keine eigene Meinung hat.

Wenn es schwierig wird, soll man sich Gedanken und nicht in die Hosen machen.

Gefahren fernhalten: Wenn wir totale Betreuung wollen, müssen wir sofort das Fensterputzen vom ersten Stockwerk an aufwärts verbieten und von Mai bis September lange wollene Unterhosen verbindlich vorschreiben, was allein schon zur Verminderung der CO_2-Emissionen geboten ist.

„Aber" – das wichtigste Wort für Dialektiker, also für Menschen, die sich ihrer Sache nicht sicher sind.

Heinrich Heine in seiner „Harzreise" (1853): Gott habe den Esel geschaffen, damit er dem Menschen zu Vergleichungen diene, und den Menschen geschaffen, damit er kein Esel sei.

Lebensweisheiten

Wer nichts zu sagen hat, kann das hier ungehemmt tun.

Der Vorteil des anonymen Briefes ist, daß man ihn nicht beantworten muß.

Man ahnt gar nicht, wieviel man jemandem, der nicht hören will, verschweigen kann.

Manches ist so ernst, daß es sich nur im Spaß sagen läßt.

Eine falsche Telefonnummer wird nicht dadurch richtig, daß sie beharrlich immer wieder gewählt wird.

Die Welt wird durch Kompromisse zusammengehalten.

Wo keine Schienen liegen, soll man nicht lange auf den Zug warten.

Entsorgung: Früher war das Problem, wie man zu seinem Sach kommt. Heute ist es das größere Problem, wie man es wieder losbekommt.

Der Theoretiker ist meistens radikal. Aus Murphy's Gesetzen: „Nothing is impossible for the man who has not to do it himself." Zyankali ist ein sicheres Mittel gegen Zahnschmerzen. Aber dann sind nicht nur die Zahnschmerzen weg, sondern auch der, der sie hat.

Der Abstinenzler und der Alkoholiker können sich immer auf die Formel einigen: Das Richtige tun, das Falsche unterlassen. Nur: Der Alkoholiker hält es für das Richtige, die Flasche auszutrinken, der Abstinenzler, sie in den Ausguß zu schütten.

Man sollte dem Erfinder der Gaslaterne nicht vorwerfen, daß er nicht gleich die Glühbirne erfunden hat.

Mein Vater: Ein Plan stimmt nur, wenn auch die Gegenseite mitmacht.

Es kommt nicht darauf an, wie groß ein Damoklesschwert ist, sondern mit welcher Wahrscheinlichkeit es herunterfällt, also wie dick der Faden ist, an dem es hängt.

Der Teufel steckt im Detail. Dort holt er einen auch.

Vervielfältigung ist insofern ein Fortschritt, als sie die Verbreitung des Einfältigen ermöglicht.

Der Zeitgeist war noch nie intelligent.

Anatole France: „Das Gesetz in seiner erhabenen Gleichheit verbietet Armen und Reichen, unter den Brücken zu schlafen."

... *16* ...

Die Sinnkrise ist das Problem einer Gesellschaft, die alles bewiesen oder widerlegt hat und nichts glauben will, was weder bewiesen noch widerlegt werden kann.

Eine Uhr, die stehengeblieben ist, zeigt wenigstes zweimal am Tage die richtige Zeit an.

Manchmal muß ein Gedanke bis zum Extrem weitergedacht werden, um seinen wahren Wert herausfinden zu können.

Wir Deutschen ertragen eher Unrecht als Unordnung.

Bert Brecht: Wo nichts am rechten Platz liegt, da ist Unordnung, wo am rechten Platz nichts liegt, ist Ordnung.

Albert Einstein: Der Intellekt ist nicht tauglich für Ziele und Werte, sondern nur für Mittel und Wege. Der Intellekt kann nicht führen und leiten, sondern nur dienen, und er ist nicht wählerisch in der Wahl seines Herrn.

Eine seltsame Folgerung ist der Schluß, daß, wenn nicht bewiesen werden könne, daß etwas sei, damit bewiesen ist, daß nichts ist.

Geistliches Lied, anzustimmen, wenn etwas nicht geschieht: „O Ewigkeit, du Donnerwort O Anfang sonder Ende. O Ewigkeit, Du machst mich bang, O ewig, ewig

... 17 ...

ist zu lang. Wach auf, du Volk vom Sündenschlaf, errette dich, verlornes Schaf."

Wo immer der Klügere nachgibt, kann nichts Gescheites herauskommen.

Der Überzeugte sucht die Wahrheit nicht, weil er meint, daß er sie schon hat. Er sortiert die Argumente in 1. bestätigende, also freundliche, und 2. widerlegende, also feindliche. Er nimmt erstere auf mit der Folge, daß sich seine Vorurteile verfestigen, und stößt die letzteren zurück mit der Folge, daß er nichts lernt, weil er nichts lernen will. Seine Vorstellungswelt möbliert er mit allerlei Dämonen, die vielleicht keine Klumpfüße, Hörner und Schwänze haben, wie die Phantasiegestalten des Mittelalters, aber abstrakt um so gefährlicher werden können.

Wenn das Ziel falsch ist, ist auch alles andere falsch.

Joseph Victor von Scheffel:
„Gott segn' Euch, ihr trefflichen Vögel
an der fernen Guano-Küst',
nebst meinem Landsmann, dem Hegel,
schafft ihr den gediegensten Mist."
(Einem Böblinger Rapsbauern in den Mund gelegt)

Moral läßt sich leichter von außen besichtigen und gut heißen als verinnerlichen und einhalten.

Viele moderne Menschen empfinden es als Zumutung, wenn man sie fragt, ob sie an Gott glauben. Die Frage nach ihrer körperlichen Verfassung würden sie eher akzeptieren. Sie glauben aber an Technik und Physik. Wenn man ihnen sagt, daß der Anfang des Universums etwas, was unserer Zeit entspricht, nicht gekannt hat, würden sie das hinnehmen. Auch würden sie die Hypothese akzeptieren, daß der ganze Kosmos mit allen Galaxien aus etwas entstanden ist, was nur ein Kubikzentimeter mal zehn hoch minus dreißig groß war und daß hierbei nicht nur vier, sondern elf Dimensionen im Spiele waren. Die Möglichkeit der Existenz Gottes in Betracht zu ziehen, fällt ihnen hingegen schwer. Wir werden hier Zeuge der Verdrängung einer großen Frage.

Bibel: Wer antwortet, ehe er hört, dem ist's Torheit und Schande. Spr. 18,13.

Moral ohne Vernunft ist fast so bedenklich wie Vernunft ohne Moral.

Friedrich Schiller an seinen Verleger Johann Friedrich Cotta: „Das Denken ist freilich eine harte Arbeit für manchen, aber wir müssen es dahin bringen, daß, wer auch nicht denken kann, sich doch schämt, es zu gestehen, und unser Lobredner wider Willen wird, um zu scheinen, was er nicht ist."

Joachim Ringelnatz: „Wenn ich so viel Geld hätte und so viel Macht, daß ich alles auf Erden ändern könnte, dann ließe ich alles so, wie es ist."

Bibel: „Schlecht, schlecht spricht man, wenn man kauft, doch wenn man weggeht, ist man froh." (Spr. 20,14)

Es fehlt nicht an Gedanken, es fehlt an zu Ende gedachten Gedanken. Es gibt zu viele Gedankenbaustellen und Gedankenbaugruben. Was eine Baugrube ist, kann zur Fallgrube werden. Wer einmal drin ist, kommt schwer wieder hinaus. Es ist deshalb wichtig, daß die Grabungen bald eingestellt werden. „Law of holes: If you are in one, stop digging!".

Die meisten Durststrecken enden nicht in einer Oase, sondern irgendwo im Sand.

Philosophisches

Die meisten Philosophen waren Radikale, aber nicht alle Radikale sind Philosophen.

Die Utopie des griechischen Philosophen Plato, des einflußreichsten Schülers von Sokrates: Von Kindheit an soll eine strenge Zensur die der Jugend zugängliche Literatur und die Musik, die sie hören darf, überwachen. Mütter und Ammen dürfen den Kindern nur von der Zensur genehmigte Geschichten erzählen. Es darf auch keine Geschichten geben, in denen der Schlechte glücklich und der Gute unglücklich ist; auf empfindliche Gemüter könnte das eine höchst verhängnisvolle moralische Wirkung haben. Aus all diesen Gründen sind die Dichter abzulehnen.

Wenn man Schauspiele überhaupt zulassen wollte, dann dürften darin nur makellose männliche Helden von guter Herkunft auftreten. Da dies offensichtlich ganz undurchführbar ist, beschließt Plato, alle Dichter aus seinem Staat zu verbannen. Die lydische und die ionische Tonart müssen verboten werden, denn die erste drückt Trauer aus, die zweite ist weichlich. Nur die dorische (die ermutigende) und die phrygische (die mäßigend wirkende) Tonart sollen zugelassen sein. Es sollen nur einfache Rhythmen erlaubt werden, die Ausdruck einer mutigen und harmonischen Lebensweise sind.

Bis zu einem gewissen Alter dürfen Jugendliche nichts Häßliches oder Lasterhaftes sehen. Aber zur richtigen

Zeit sollen sie gewissen Erschütterungen ausgesetzt werden. – Bestimmte Mythen müssen dem Volk von der Regierung eingeimpft werden. Lügen muß ein Vorrecht der Regierung sein, wie es ein Vorrecht des Arztes ist, eine Medizin zu verabreichen. Königliche Lüge: Gott hat drei verschiedne Arten von Menschen geschaffen: die besten aus Gold, die zweitbesten aus Silber und die breite Masse aus Messing und Eisen.

Georg Christoph Lichtenberg: „Was ist besser, von einem bösen Gewissen genagt zu werden oder ganz ruhig am Galgen zu hängen?"

Madame de Staël über Fichte: „Das Bedeutendste ist die Konzentration, die es erfordert, um ihn zu verstehen."

Karl Marx, Thesen über Feuerbach: „Die Philosophen haben die Welt nur verschieden interpretiert; es kommt aber darauf an, sie zu verändern."

Georg Wilhelm Friedrich Hegel: „Wer die Welt vernünftig anschaut, den blickt auch die Welt vernünftig an."

Hegel: „Das Abwägen von Gründen gegeneinander enthält noch nicht die Wirklichkeit. Diese Vielheit muß vernichtet werden, damit das Schwanken hinüber und herüber aufhört."

Hegel definiert Wasser: „Das Element des selbstlosen Gegensatzes."

... 22 ...

Heinrich Heine behauptet, er habe ein Manuskript über die Hegelsche Philosophie aus Furcht vor göttlicher Strafe in einem Kamin verbrannt, wo es teuflisch knisternd verglüht sei.

Arthur Schopenhauer sagt, daß nach dem indischen Mythos von der Seelenwanderung eine Frau dadurch erreichen kann, nicht wiedergeboren zu werden, daß sie sich in sieben Leben hintereinander als Witwe mit ihrem verstorbenen Gatten verbrennen läßt.

Friedrich Nietzsche, „Jenseits von gut und böse": „Das habe ich getan", sagt mein Gedächtnis." „Das kann ich nicht getan haben", sagt mein Stolz und bleibt unerbittlich. Endlich gibt das Gedächtnis nach."

Nietzsche: „Das Publikum verwechselt leicht den, der im Trüben fischt, mit dem, der aus der Tiefe schöpft."

Karl Jaspers: „Gott hat dem Menschen die absolute Wahrheit nicht gegeben, denn er soll die Freiheit haben, das Richtige oder das Falsche zu tun." Anmerkung Manfred Rommel: Von der zuerst genannten Möglichkeit könnte der Mensch wesentlich öfter Gebrauch machen.

Der britische Philosoph und Mathematiker Bertrand Russell: „Zwischen der Theologie und der Wissenschaft liegt ein Niemandsland, das Angriffen von beiden Seiten ausgesetzt ist; dieses Niemandsland ist die Philosophie."

Aus Natur und Gesellschaft

Beim Wandern kann man manches Abenteuer erleben, wenn man, des Kartenlesens unkundig, die Höhenlinien für Wanderwege hält.

Wäre Gott mit der reinen Natur zufrieden gewesen, hätte er den Menschen nicht gebraucht.

Bäume. Warum ist der Wald und warum sind Bäume bei uns in Deutschland so populär? Elias Canetti hält bekanntlich in seinem Buch „Masse und Macht" den Wald für das deutsche Nationalsymbol. Er meint, daß auch das Heer tiefenpsychologisch nichts anderes sei als der marschierende Wald. Man bewege sich in Deutschland besonders gern in der Masse. Da ist etwas dran. Es gibt bei uns immer etwas zu laufen und zu wandern. Aber wie kommt es, daß der Wald und die Bäume für uns eine solche Bedeutung haben? Liegt es vielleicht daran, daß wir Deutsche das Dunkle und Feuchte lieben, auch in der Philosophie, wie wir von Nietzsche wissen, und daß es im Wald dunkel und feucht ist, wie jeder weiß, der sich dort einmal längere Zeit aufgehalten hat? Ich glaube das nicht. Nasse Füße machen noch keine Romantiker. Ein wichtiger Grund für die Faszination, die vom Wort „Wald" oder vom Wort „Baum" ausgeht, ist m. E. der Umstand, daß sich auf diese Wörter verhältnismäßig viele andere Wörter reimen, so daß unsere Dichter gar nicht umhin kamen, sich mit dem Wald und mit dem Baum eingehend zu befassen. Die Franzosen sagen beispielsweise: La forêt und l'arbre. Darauf reimt sich so gut wie nichts. Es ist somit kein Wunder, wenn in der französischen Literatur Wald und Baum nicht die gleiche Bedeutung haben wie in der deutschen. In Deutschland reimt sich auf das Wort Wald das Wort knallt, etwa die Büchse, oder schallt, zum Beispiel das Jagdhorn, steif und kalt, zum Beispiel der erschossene Förster oder Wilddieb, oder auch bald und halt. Mit diesen Reimen wurden viele Gedichte gemacht, die häufig vertont in das Liedgut des Volkes Eingang gefunden haben.

Garten: Durch die Einwirkung des Menschen wächst etwas an einem Ort, an dem ohne ihn nichts oder etwas anderes wachsen würde. Die Voraussetzung der Gartenkunst war bislang der Sieg über das Unkraut. Die Umbenennung des Unkrautes in Wildkraut ändert an der Natur der von diesen Begriffen umfaßten Kräuter nichts. Sie sind Kräuter, die andere Kräuter vertreiben oder umbringen. Sie sind nach dem Naturgesetz Darwins die Tüchtigeren.

Laut Professor Konrad Lorenz können Buntbarsche und Brandenten in Begeisterung geraten, wenn drei Voraussetzungen gegeben sind: ein zu verteidigender Wert, ein Feind, der diesen Wert bedroht, und Kumpane. Auf der höheren Entwicklungsstufe der Graugänse ist nach der Reiz-Summen-Regel die Feindfigur nicht mehr nötig, um Begeisterung zu erzeugen.

Begrüßung einer Versammlung: „Sie sitzen mit wenigen Ausnahmen falsch. Sie sollten alle in der ersten Reihe sitzen. Nur die tatsächlich dort sitzen, sitzen richtig. Es sollte gar keine zweite und folgende Reihe geben. Aber Sie sehen an diesem Beispiel, wie schwer es ist, die Wertvorstellungen der Gesinnungsethik mit den Begrenzungen der realen Welt in Einklang zu bringen. Auch ich halte die Wertvorstellungen für richtig und die reale Welt für falsch. Aber was nützt uns das, da wir doch in dieser realen Welt leben müssen."

Die Sitzordnung einer Fraktion des Landtags wird diskutiert. Niemand will hinten sitzen. Der Fraktionsvorsitzende zu einem besonders Unzufriedenen: „Du solltest halt ‚A...' heißen. Dann könntest Du vorne sitzen."

Wenn du schon einen schlechten Eindruck machst, geh wenigstens nicht überall hin.

Der Nutzen der Heuchelei: Besser Heuchelei als gar keine Moral, denn der Heuchler weiß wenigstens, was richtig wäre. Auch kann sich der Heuchler so sehr an seine Rolle gewöhnen, daß er so wird, wie er zu sein vorgibt.

Urlaub. Heute verbringen die Leute ihren Urlaub an Orten, die man früher nur als Soldat, Schiffbrüchiger oder Kriegsgefangener kennenlernen konnte.

Die Schriftstellerin Isolde Kurz bezweifelte, ob Männer eine Seele haben, weil ihr Inneres zur Aufnahme von Flüssigkeiten gebraucht würde.

Brot für die Welt: Die Wurst bleibt hier.

Warum so unhöflich? Warum fordert jeder? Das erweckt beim Adressaten Mißtrauen. Man könnte auch bitten.

Herrscht im Tierreich eine bessere Moral? Jede gehobene Tiergattung sorgt für Nachwuchs. Es kommt vor, daß ein Elternteil den eigenen Nachwuchs frißt, es kommt vor, daß der Elternteil, der solche Neigungen hat, vom anderen Elternteil bei sich bietender Gelegenheit gefressen wird, oder daß der männliche Elternteil, nachdem er seinen bescheidenen Beitrag zur Fortpflanzung geleistet hat, vom weiblichen umgebracht wird, aber es kommt meines Wissens nicht vor, daß eine Tiergattung ihren Nachwuchs in der Absicht zeugt, von ihm im Alter versorgt zu werden. In der menschlichen Gesellschaft ist das selbstverständlich – nicht mehr im Rahmen der einzelnen Familien, aber auf der Ebene des Staates, der sich deshalb Sozialstaat nennt. Im Tierreich wird der Nachwuchs, der sich übrigens auch noch mehrmals im Jahr einstellen kann, ohne jeden egoistischen Hintergedanken gezeugt und aufgezogen.

Eine Nachricht, daß auf vielen Klosettbrillen im Berliner Parlament Spuren von Rauschgift festgestellt worden seien, wirkte sehr beunruhigend, bis man feststellte, daß die Ursache eine Putzfrau war, die mit demselben Lappen viele Klosettbrillen geputzt und so das von einem Klo stammende Rauschgift verbreitet hatte. So sehr der sparsame Umgang mit Reinigungsmaterial zu loben ist und so sehr es beruhigt, daß Rauschgiftsucht im Bundestag kein Massenphänomen ist, so unerfreulich ist der Gedanke, daß der Lappen auch zur Reinigung anderer Gegenstände, wie zum Beispiel Gläser, Verwendung fand.

Die heutige Gesellschaft vereint erstens, daß ihre Glieder sich gegenseitig beschimpfen und daß alle, wenngleich aus unterschiedlichen Gründen, der Meinung sind, Politiker und Politik würden nichts taugen und nur dann funktionieren, wenn auf sie Druck ausgeübt wird. Die Gewerkschaften üben Druck aus und können immerhin behaupten, daß das eine soziale Funktion hat, die Wirtschaft, die das gleiche sagen kann, aber auch die Mütter, die Alten und die Jungen. Die Mieter und Vermieter. Die Sportsfreunde, damit Sportanlagen geschaffen werden, die Nachbarn, damit keine Sportanlagen geschaffen werden. Die Bewohner der Ortsmitte, damit Umgehungsstraßen gebaut werden, die Bewohner des Ortsrandes, damit keine gebaut werden. Jeder übertreibt. Die Politik ist ungesund, führt zu Siechtum und Tod, ist kinderfeindlich, arbeitnehmerfeindlich, mieterfeindlich, mittelstandsfeindlich, sportfeindlich, naturfeindlich, ungerecht, unfähig. Sie zerstört Natur und Wohlstand, Gesundheit und Lebensglück, treibt Frauen, Männer, Kinder in Verzweiflung. Sie ist unmenschlich, schlampig

... 28 ...

und korrupt. Jeder zetert und schreit, weil die anderen auch zetern und schreien.

Die romantische Bewegung in der Kunst, in der Literatur und in der Politik hängt eng zusammen mit der subjektiven Einstellung, die Menschen nicht als Mitglieder einer Gemeinschaft, sondern als ästhetisch erfreuliche Objekte der Kontemplation zu betrachten. Tiger sind zwar schöner als Schafe, doch sehen wir sie lieber hinter Gittern.

Mehr sein als scheinen, aber es soll nicht unbemerkt bleiben, daß man mehr ist, als man scheinen zu wollen vorgibt. Bei einer so subtilen Haltung baut sich nur schwer ein Gesellschaftsleben auf.

Die Politik und die Politiker

Wahre Autorität hat nur der Polizeihund, weil jeder von ihm weiß, daß er das Grundgesetz nicht gelesen hat.

Odysseus ist bekannt wegen seiner List und seiner Irrfahrten und deshalb ein Vorbild vieler Politiker. Zwar könnte man angesichts mancher politischer Praktiken meinen, das Vorbild sei eher die Gattin des Odysseus, Penelope, die das Gewebe, das sie am Tage gewirkt hatte, nachts wieder auftrennte, bloß, um niemals fertig zu werden. Odysseus hat wenigstens ein Ziel gehabt. Er wollte nach Hause nach Ithaka. Ihm fehlte die Wegmarkierung. Es ging ihm so wie einer Wandergruppe in den Schweizer Bergen, die Kennzeichnungen zu fällender Bäume mit Wegmarkierungen verwechselt und deshalb eine höchst ungewöhnliche Piste zurückgelegt hat. Jedenfalls hat Odysseus gewußt, wohin er will, und das wissen wir in der Politik oft nicht.

Die Demoskopie rät meistens vom Unpopulären ab. Aber ein Politiker kann gerade dadurch populär werden, daß er das Unpopuläre sagt und zum Unpopulären steht, denn dann gilt er wenigstens als ehrlich.

Kurt Tucholsky: „Das schauerlichste Wort, das uns der marxistische Slang beschert hat, ist das Wort von der richtigen Politik."

Dieses Problem wollen wir uns nicht durch seine Lösung wegnehmen lassen.

Versprecher: „Wir können uns keine Waschlappen, Entschuldigung, Wahlschlappen mehr leisten."

Proporz. Wer den beachten will, muß die Kunst verstehen, acht Pfund Birnen mit zwei Kilogramm Reißnägeln zu multiplizieren.

Manchmal fürchte ich, daß die Eigenschaften, die man braucht, um ein Amt zu bekommen, nicht dieselben sind, die man braucht, um es auszufüllen.

Im Gegensatz zum Sauerkraut schmecken politische Themen nicht um so besser, je häufiger sie aufgewärmt werden.

Das einzige, was in diesem Lande etwas taugt, ist das Volk. Die übrigen gehören fortgejagt.

Die wichtigste Erhebung in unserem Lande ist schon immer die Erhebung von Bedenken gewesen. Doch die Summe aller Bedenken heißt: Stillstand.

Rat: Halte dich weniger an Vorbilder und mehr an abschreckende Beispiele.

Es gibt Politiker, die mehr gegen die Reichen als für die Armen sind.

Meine Erfahrungen als Luftwaffenhelfer vor 60 Jahren, die mir bei meiner politischen Karriere geholfen haben: Erstens, alles was oben ist, ist im Zweifel feindlich gesinnt. Zweitens, wenn etwas von oben runter kommt, sofort Deckung nehmen. Drittens, wenn etwas von oben runter gekommen und nicht explodiert ist, einen großen Bogen darum machen.

Widersprüchlich: Einerseits der Mut, sich gegen die Vereinigten Staaten zu wenden, weil diese die Verbreitung von atomaren Waffensystemen verhindern wollen, besonders an totalitäre Staaten, und Gewalt zur Erreichung dieses Ziels nicht von vorn herein ausschließen, andererseits eine panische Furcht vor der friedlichen Nutzung der Kernenergie – verbunden mit dem Mut, die Energieversorgung des Industriestaates Deutschland von Windmühlen abhängig zu machen.

Es macht nichts, wenn in einem großen Chor einige nur den Mund auf- und zumachen, wenn das aber alle tun, ist es kein Chor mehr. Das gleiche gilt für einen Vorstand, ein Parlament und eine Partei. Wenn einige nicht mitsingen, kann dies die Qualität des Gesanges sogar verbessern. Wenn allerdings die wenigen, die singen, auch noch falsch singen, wäre es besser, wenn niemand singt. An der Spitze des Staates kann man einige vertragen, die nichts verstehen. Wenn aber die Mehrheit oder alle nichts verstehen, dann entspricht das der Situation des Chores, der aus lauter Nichtsängern besteht.

In seiner Eigenschaft als Parteivorsitzender forderte er, was er in seiner Eigenschaft als Parlamentarier ablehnen mußte.

Zensuren:
1 – Redlich und vernünftig
2 – Redlich und unvernünftig
3 – Unredlich und unvernünftig
4 – Unredlich und vernünftig.

Die polnischen und tschechischen Namen vieler Deutscher, auch die mancher Vertriebenenfunktionäre, beweisen, daß die deutsch-polnischen und die deutsch-tschechischen Beziehungen auf privater Ebene wesentlich besser gewesen sein müssen als auf politischer.

Es gibt Politiker, die ihre schlechte Laune für die Parteilinie halten.

Die Politik wendet sich nicht an richtige Bürger, sondern an Kunstmenschen. Den statistischen Durchschnittsdeutschen.

Wir Deutschen sind mit der Welt nicht zufrieden. Das macht uns so erfolgreich.

In der Politik sollte man weniger Schuldige als Lösungen suchen.

So wie der Aberglaube nicht auszurotten ist, der Soldat freue sich, wenn er in den Krieg ziehen und sich erschießen lassen darf, so ist der Irrglaube nicht auszurotten, der Großstädter habe ein Vergnügen am Verkehrslärm, empfinde Baustellen als Bereicherung und sei so stolz auf die Straßenbahn, daß er die fehlenden Spielplätze, Versammlungshallen, Bäder und die alten Wohnungen gar nicht bemerke.

Ich bin einer der selten gewordenen Politiker, die einmal in einer Fabrik gearbeitet haben, und zwar als ungelernter Hilfsarbeiter. Unter dem kritischen, aber wohlwollenden Blick meines Meisters habe ich verhältnismäßig wenig kaputt gemacht.

Manche Dinge sind, für sich genommen, harmlos, werden aber gefährlich, wenn sie zusammenkommen. So ist es in der Chemie, so ist es in der Politik, zum Beispiel wenn ein Mensch und ein politisches Amt zusammenkommen.

Nostalgie und Politik: Erstens als Sehnsucht nach einer Vergangenheit, die es nie gegeben hat, zweitens als Sehnsucht nach einer Zukunft, die es nie geben kann, dem Schlaraffenland des deutschen Märchens. Drittens als Sehnsucht nach dem Chaos, freilich unter Aufrechterhaltung der Zahlungsfähigkeit der öffentlichen Kassen. Mit diesen Sehnsüchten wird die Wirklichkeit verglichen und als unzulänglich entlarvt. Gegen Augenleiden kann man die Heilige Ottilie anrufen, gegen Wahnsinn den

... 34 ...

Heiligen Eustachius, den Patron der Irrsinnigen und Besessenen.

Karl Kraus: „Satiren, die der Zensor versteht, werden mit Recht verboten."

Schutz von Minderheiten: Wenn der dunkelhäutige Achmed einen Totschlag begangen hat, muß die Polizei nach einem weißhäutigen Siegfried fahnden, damit kein Rassenhaß aufkommt.

Wir haben noch nie so viele Zahlen gehabt, aber sie haben noch nie so wenig gestimmt.

Todsünden der DDR: Erstens: Die Theorie hatte das Übergewicht über die Praxis. Folge: Bürokratische Versteinerung. Zweitens: Initiative wurde nicht belohnt, sondern gefürchtet, denn Initiative braucht Freiheit. Folge: Rückschrittlichkeit. Drittens: Es wurde versucht, gegen die Gesetze der Logik Politik zu machen, zum Beispiel die Preise unterhalb der Kosten zu halten. Folge: Es stimmte nichts mehr, denn Adam Riese ist stärker als die Politik. Viertens: Neues wurde geschaffen, um den Preis der Vernachlässigung des Bestehenden; Bemühungen um Unterhaltung von Häusern, Verkehrswegen, Kanälen usw. unterblieben meistens. Folge: Alles verfiel. Fünftens: Unangenehme Tatsachen sollten durch Verschweigen und Verleugnung aus dem Wege geräumt werden, zum Beispiel die Umweltbelastung. Folge: Es wurde alles noch schlimmer. Sechstens: Als man entdeckte, daß die Weichen falsch gestellt waren, versuchte man, diesen Nachteil durch erhöhte Geschwindigkeit wettzumachen. Folge: Der Zusammenbruch kam fast über Nacht. Und siebtens: Der Mensch sollte sich der Politik anpassen und nicht die Politik dem Menschen. Dies war Aufgabe der Stasi. Folge: Das Volk entledigte sich dieser Politik und der Stasi.

Über die Demokratie

Volksentscheid. Wenn das Volk befragt wird, ob eine Brücke eine bestimmte Belastung aushält oder nicht, ob eine Substanz giftig ist oder ungiftig, ob das Geld für eine Maßnahme da ist oder nicht, dann ist eine falsche Antwort möglich. Denn auch ein einstimmig gefaßter Beschluß kann falsch sein, zum Beispiel wenn beschlossen würde, daß vier mal vier achtzehn ergäben. Die Würde des Volkes als oberster Souverän schließt nicht aus, daß es sich irrt. Deshalb sind Volksentscheide bedenklich. Das Volk kann erwarten, daß Parlamentarier, Regierung und Verwaltung Verantwortung übernehmen und daß sie die Verantwortung nicht in kritischen Fällen dem Volk aufbürden, das sie gar nicht haben will und tragen kann. Die wachsende Zahl von Internetnutzern macht es möglich, daß ein repräsentativer Querschnitt durch Mausklick so entscheidet, wie das Volk entschieden hätte, wenn es befragt worden wäre. Man lasse sich von dieser technischen Möglichkeit nicht dazu verführen, immer mehr Entscheidungen dem Volk aufzubürden und im Falle negativer Auswirkungen die Hände in Unschuld zu waschen. Für Zurückhaltung hinsichtlich von Volksentscheiden spricht auch, daß es bei diesen wie übrigens auch bei gerichtlichen Entscheidungen in der Regel nur um konkrete Fragen geht und die Zusammenhänge mit dem Ganzen in den Hintergrund treten.

Selbstbestimmung der Völker kann nicht bedeuten, daß das größere Volk berechtigt wäre, das kleinere Volk aus dem gemeinsamen Land hinauszuwerfen.

Walther Rathenau: „Wer Lust hat, über Sklaven zu herrschen, ist selbst ein entlaufener Sklave. Frei ist, wenn Freie willig folgen, und wer freiwillig dient."

Die Demokratie verdient schon deshalb Vertrauen, weil in ihr der Bürger sein Mißtrauen gefahrlos äußern kann.

Diktatur und Demokratie: Es gibt Zeiten, in denen man sich große Mühe geben muß, ein Lump zu sein. Es gibt aber auch Zeiten, in denen es große Mühe kostet, keiner zu werden.

Das Geheimnis des Agitators ist, sich so dumm zu machen wie seine Zuhörer sind, damit sie glauben, sie seien so gescheit wie er.

Vergangenheit und Zukunft

George Orwell „Mein Katalonien": „Es ist einer der scheußlichsten Züge des Krieges, daß alle Kriegspropaganda, alles Geschrei, alle Lügen und aller Haß, ständig von Leuten kommen, die selbst nicht mitkämpfen."

Die militärische Leistung der deutschen Truppen, durch die der Krieg so lange gedauert hat, bewirkte, daß im Ost-West-Konflikt beide Seiten großen Wert darauf legten, deutsche Truppen an ihrer Seite zu haben. Das hat zur Rückkehr der beiden Teile Deutschlands in die Gemeinschaft der Nationen wesentlich beigetragen. So hat die Wehrmacht doch noch Nutzen gestiftet.

Die im Kriege Gefallenen haben keine Gelegenheit mehr gehabt, nachher zu sagen, daß sie eigentlich dagegen gewesen waren.

General Ludendorff: „Alle Länder haben gute und schlechte Regimenter gehabt, Württemberg nur gute."

Kulturen haben sich immer berührt. Wir Europäer haben die Religion von den Juden, die Schrift von den Römern und die Zahlen von den Arabern und Indern.

Parteigliederung des Deutschen Reichstags am 31. Juli 1932: 12 Parteirichtungen.

NSDAP	230 Abgeordnete
SPD	133 Abgeordnete
KPD	89 Abgeordnete
Zentrum	75 Abgeordnete
Deutschnationale Volkspartei	40 Abgeordnete
Bayerische Volkspartei	22 Abgeordnete
Deutsche Volkspartei	7 Abgeordnete
Christlich-sozialer Volksdienst	3 Abgeordnete
Die Deutsche Bauernpartei	2 Abgeordnete
Wirtschaftspartei	2 Abgeordnete
Volksrechtspartei	1 Abgeordneter

Gegen die Demokratie vor 1933:
– NSDAP
Zusammenschluß aller Deutschen zu einem Großdeutschland.
Volksgenosse nur, wer deutschen Blutes ist; Juden Gäste. Fremdengesetz.
Gemeinnutz vor Eigennutz. Wohlfahrt der Nation vor Einzelinteressen.
Statt Parlamenten Zentralgewalt. Berufskammern. Volksheer.
Privateigentum und kapitalistisches Wirtschaftssystem bleiben. Mühelose Einkommen werden abgeschafft.

– KPD
Manifest an das deutsche und internationale Proletariat. Durch Bürgerkrieg zur Weltrevolution.

Aufrichtung einer Rätediktatur.
Zusammenschluß Rätedeutschlands mit Räterußland.
Aufrichtung der Kommunistischen Internationale.

– Deutschnationale Volkspartei
Gegen Zusammenarbeit mit SPD.
Beseitigung der Alleinherrschaft des Reichstages.
Gesunder Föderalismus.
Wiederherstellung der konstitutionellen Erbmonarchie
durch Verfassungsänderung.
Beseitigung der Vorherrschaft des Judentums in Regie-
rung und Öffentlichkeit.

Unterschiede zwischen KPD (Dezember 1918) und SPD
– KPD: Vernichtung des Kapitalismus mit Gewalt.
Keine Bündnispolitik mit anderer Parteien.
Manifest vom Dezember 1920: Proletarischer Klassen-
kampf als Kleinkrieg gegen Staatsgewalt, bis die politi-
sche Gewalt den Kommunisten zufällt.
Zusammenschluß mit Rußland.

– SPD: Klassenkampf als geschichtliche Notwendigkeit.
Aber mit geistigen Waffen. Beseitigung des Kapitalismus
ohne gewaltsame Zerstörung der bestehenden Wirt-
schaftsgrundlagen erreichbar.
Regierungspartei, Bereitschaft zu Bündnissen auf dem
Boden der Demokratie.

Hegel über das Schießpulver: Auch das Schießpulver
wollen sie (die Chinesen) früher als die Europäer er-

... 41 ...

funden haben, aber die Jesuiten mußten ihnen die ersten Kanonen gießen. Die Menschheit bedurfte seiner, und also war es da. So sei „Tapferkeit ohne persönliche Leidenschaft" möglich geworden. Beim Gebrauch der Schießgewehre wird ins Allgemeine hineingeschossen, gegen den abstrakten Feind und nicht gegen besondere Personen.

Es gibt Briefe, die dem Empfänger schaden, solche, die dem Absender schaden, und solche, die dem schaden, der sie befördert. Der erste Brief, der in der Bibel erwähnt wird, war ein solcher, der Absender und Empfänger ungeschoren ließ, dafür aber dem, der die Beförderung übernommen hatte, nicht gut bekommen ist. Dieses ist der Brief, den David an Joab schrieb. Die Rolle des Boten, also der Post, hatte Uria zu übernehmen, der freilich nicht wußte, daß David in dem Brief Joab aufforderte, den Uria in der Schlacht dorthin zu stellen, wo es am gefährlichsten ist. Dies deshalb, weil David eine das übliche Wohlwollen des Landesherren gegenüber seinen Untertanen weit überschreitende Sympathie für die Gattin des Uria empfand, nämlich für Bathseba. In der Tat nahm Urias Leben ein jähes Ende und David Bathseba ins Haus, was freilich allerlei Verdrießlichkeiten auslöste.

Karl Marx: „Die Bourgeoisie hat das Land der Herrschaft der Stadt unterworfen. Sie hat enorme Städte geschaffen und so einen bedeutenden Teil der Bevölkerung dem Idiotismus des Landlebens entrissen."

Friseure sollten wissen, daß in der Bibel zwei prominente Persönlichkeiten durch ihre Haare zu Schaden gekommen sind: Absalom, weil seine Haare zu lang waren und er deshalb auf der Flucht an einem Baum hängenblieb, und Simson, dessen Kraft von der Länge seiner Haare abhing. Delilah schnitt ihm deshalb die Haare ab, während er schlief.

Hitler war auch gegen Konzentrationslager, Massenerschießungen und Folterkeller – freilich nicht gegen die von ihm befohlenen beziehungsweise eingerichteten, sondern gegen die in der Sowjetunion.

Perikles betete vor jeder Rede zu Zeus, er möge ihn nichts Überflüssiges sagen lassen.

Das Überleben der Gegenwart ist die wichtigste Voraussetzung für das Erleben der Zukunft.

Ludwig XIV. von Frankreich, ein Theaterliebhaber, stellte seinem Hofprediger Bossuet die Fangfrage, ob ein Christ die Komödie besuchen dürfe. Bossuet antwortete seinem König mit diplomatischem Geschick: Sire, es gibt starke Gründe dagegen und große Beispiele dafür.

Spartas Verfassung. Es gab zwei Könige, die zwei verschiedenen Familien angehörten; die Nachfolge war erblich. Einer der beiden Könige befehligte in Kriegszeiten das Heer, im Frieden jedoch waren ihre Machtbefugnisse beschränkt. Bei kommunalen Festen durften sie doppelt soviel essen wie jeder andere.

Der technische Fortschritt hat dem ehrenhaften, aber übelriechenden Gewerbe des Abortgrubenleerers die ökonomische Grundlage entzogen.

Hitler erläßt am 11. Januar 1940 den grundsätzlichen Befehl Nr. 1: „Niemand darf von einer geheimzuhaltenden Sache mehr erfahren, als er nicht aus dienstlichen Gründen unbedingt davon Kenntnis erhalten muß."

Pfarrer Blumhardt beim Tod des SPD-Vorsitzenden August Bebel, der sich für einen Atheisten hielt: „Jetzt wird er Augen machen, der August!"

Wir haben selten so wenig von der Zukunft gewußt wie heute. Früher war die Zukunft in etwa das vergrößerte Abbild der Gegenwart. Das ist vorbei. Der Wandel berührt die Grundlagen.

Arthur Schopenhauer: „Eher mag man erwarten, daß Eulen und Fledermäuse die Sonne zurück in den Osten scheuchen werden, als das die erkannte und deutlich und vollständig ausgesprochene Wahrheit wieder verdrängt werde, damit der alte Irrtum seinen breiten Platz noch mal ungestört einnehme." Der seitherige Ablauf der Geschichte spricht eher für das Gegenteil.

... 44 ...

Der Gläubige hält seinen Glauben für wahr und richtig, folglich den abweichenden Glauben anderer für unwahr und unrichtig. Er kann das aber ebenso wenig beweisen, wie einer, der seinen Glauben nicht teilt, ihn widerlegen kann. Es kommt nun darauf an, ob er einen Andersgläubigen duldet oder ob er ihn zum Glaubenswechsel überreden oder sogar zwingen will. Die Juden missionieren nicht. Sie haben das Ziel einer durchweg jüdischen Welt nie verfolgt. Wir Christen verfolgten schon zeitweilig das Ziel einer ausschließlich christlichen Welt. Bei der Verfolgung dieses Ziels wurden Mittel angewendet, die mit der christlichen Lehre völlig unvereinbar sind, meistens ohne daß die Akteure irgendwie an ihrem Christentum gezweifelt haben. Heute erkennen wir die Existenzberechtigung anderer Religionen an – oder doch nicht?

Die Wirtschaft und die Wunderwelt des Geldes

Immer öfter muß ich erleben, daß die Post Briefmarken nicht abstempelt. So sehr sich der Schwabe freut, wenn er solche Marken in heißem Wasser ablösen und zur Frankierung seiner eigenen Post verwenden kann, so sehr schmerzt es doch den Staatsbürger, wenn er solche Symptome des Verfalls der staatlichen Ordnung beobachten muß.

Dem Karneval der Ausgabenfreude folgt ein Aschermittwoch, an dem das Geld kaum mehr für den sauren Hering reicht.

Ein amerikanischer Unternehmer behauptet, zwei Worte hätten Amerika großgemacht: „You're fired!".

In der hellenistischen Welt waren die Tempel die Bankiers; sie besaßen die Goldreserven und regelten das Kreditwesen. Zu Beginn des dritten Jahrhunderts gab der Apollotempel auf Delos Darlehen zu zehn Prozent; ursprünglich waren die Zinssätze noch höher.

Wenn das Geld ausgeht, geht auch die Politik aus.

Im Jahr 1895 gab es in den Vereinigten Staaten nur vier mit Benzin betriebene Fahrzeuge, zwei davon in Stuttgarts Partnerstadt St. Louis. Die beiden stießen mit solcher Wucht zusammen, daß beide Fahrer verletzt wurden, einer von ihnen schwer.

„Minuswachstum" und „Plusschrumpfung" – welche Wortschöpfungen, nur um nicht deutlich werden zu müssen.

Beobachtung: Je mehr keine Arbeiter, sondern Sklaven beim Bau beschäftigt waren, desto größer die Steine und desto schöner die Ruinen. Die heutige Zeit baut mit Zement, ein häßliches graues Pulver, aber auch ein Hinweis auf Freiheit.

Der beste Schutz des Mieters ist ein funktionierender Wohnungsmarkt, der beste Schutz des Arbeitnehmers eine prosperierende Wirtschaft.

Wohnungsbau: Die Nachfrage nach Wohnfläche ist unersättlich, die Meinung, es gäbe eines Tages einen ausgeglichenen Wohnungsmarkt, der auch die wichtigsten sozialen Fragen selber regle, eine Illusion. 1950 kamen in Stuttgart auf den Einwohner 15 Quadratmeter Wohnfläche und 0,95 Räume, 1970 25 Quadratmeter Wohnfläche und 1,35 Räume und 1981 31 Quadratmeter und 1,7 Räume, 1990 35 Quadratmeter. Man hat seinerzeit bis zum Jahr 2000 mit 47 Quadratmetern gerechnet.

Die Stadt ist für eine andere Bevölkerungsstruktur gebaut worden. Die Bauprogramme hatten lange die vierköpfige Durchschnittsfamilie im Visier. Die wahre Struktur ist: 80 Prozent Kleinhaushalte, 33 Prozent Kleinwohnungen.

Da könnte man mit Götz von Berlichingen ausrufen – nicht, was sie jetzt denken, sondern: „Ich sage dir, es wird eine teure Zeit kommen."

Ist einer, der nichts hat und deshalb dafür ist, daß geteilt wird, ein besserer Christ als einer, der etwas hat und deshalb dafür ist, daß nicht geteilt wird?

Wenn der Erbfall naht, häufen sich die Verwandtenbesuche.

Bei einer Dauerleistung von 100 Watt und entsprechender Organisation ließe sich ein Kernkraftwerk mit 1200 Megawatt durch drei Achtstundenschichten für je 12 Millionen Menschen ersetzen. 36 Millionen Menschen könnten ihr freilich bescheidenes Brot verdienen, und niemand nutzt diese Chance.

Der praktischer denkende Aristoteles lehnt Platos Vorstellung vom Gemeinbesitz der Frauen ab, indem er die Frage stellt: Wer soll dann den Haushalt führen?

Es fragt sich, ob die Gefahr der Verelendung nicht von einem Versorgungsstaat ausgehen kann, der so gut ist, daß er den Bürgern alles wegnehmen muß, um es verteilen zu können.

Manche Wahlprogramme ähneln dem leeren Geldbeutel, den in meiner Jugend die Kinder, an eine Schnur gebunden, auf die Straße gelegt und rasch in das Kellerfenster gezogen haben, wenn sich jemand nach ihm gebückt hat. Mit dem damaligen Silberpapier ließen sich auch Attrappen von Ein-, Zwei- und Fünfmarkstücken herstellen, die echt aussahen und nach denen man sich gerne bückte, um dann enttäuscht ein Stück Papier zwischen den Fingern zu halten.

Es gibt verschiedene Wege, Geld zu verdienen: Durch Tätigkeit oder Untätigkeit, durch Handarbeit oder Kopfarbeit, durch Handel sowie durch Spekulation und Glücksspiel. Nach einer weitverbreiteten Meinung ist die Arbeit die unintelligenteste Form des Gelderwerbs, während es einer erheblichen Pfiffigkeit bedarf, sich die Untätigkeit bezahlen zu lassen. Letzteres wird möglich durch das Subventionswesen. Subventionen werden manchmal auch dafür bezahlt, daß man etwas nicht tut.

Argumente gegen eine rationale Finanzpolitik. Erstens: Reformpolitik erstrebt das Unmögliche, um das Mögliche möglich zu machen (Hesse). Zweitens: Das stehen wir politisch nicht durch. Drittens: Hier geht es nicht um Geld, sondern um Moral. Viertens: Wir sind sauer und machen nicht mehr mit. Fünftens: Die Ausgaben sollen zukünftigen Bürgern nützen, deshalb ist es nur recht und billig, daß die Finanzierung durch Kreditfinanzierung teilweise in die Zukunft verschoben wird. Sechstens: Wozu Klarheit, die doch nicht erreicht wird. Wir fühlen uns im Dunkeln wohler. Siebtens: In der Zukunft fallen Kürzungen von Ausgaben leichter, weil erstens die finanzwirtschaftlichen Sorgen größer und die Politiker mutiger sind.

Bekanntlich ist der ganze Ring des Nibelungen nichts anderes als die Folge unbezahlter Baurechnungen und höchst unsicherer Bemühungen, das fehlende Geld bis Ultimo herbeizuschaffen.

Kultur und Bildung, Kunst und Musik

Keine Luft ist so dick, kein Volk so dumm, kein Ort so unberühmt, daß nicht zuweilen ein großer Mann daraus hervorgehen sollte, sagt der römische Dichter Juvenal.

Christoph Martin Wieland schrieb 1766/67 den ersten deutschen Bildungsroman über die „Geschichte der Abderiten". Sie waren die Bewohner der altgriechischen Stadt Abdera in Thrakien und galten in der Antike als skurril und beschränkt, obwohl sie Philosophen wie Demokrit (Begründer des Atomismus, in der Kunst der „lachende Philosoph") und Protagoras („Der Mensch ist das Maß aller Dinge") hervorgebracht haben: „Sie wurden endlich zum Sprichwort unter den Griechen. Ein abderitischer Einfall, ein Abderitenstückchen war bei diesen ungefähr, was bei uns ein Schildbürger – oder bei den Helvetiern ein Lalleburgerstreich ist ..." – „Die Abderitinnen waren zwar schön; aber die gütige Natur hatte ihnen die Dummheit zum Gegengift ihrer körperlichen Reizungen gegeben. Eine Abderitin war nur schön – bis sie den Mund auftat ..." – „Hier beliebe man sich zu erinnern, daß es auf dem Rathause zu Abdera bei Abfassung eines Schlusses niemand darum zu tun war, die Gründe, welche für oder gegen eine Meinung vorgetragen worden waren, kaltblütig gegeneinander abzuwägen und sich auf die Seite desjenigen zu neigen, der die besten gegeben hatte, sondern man schlug sich entweder zu dem, der am längsten oder lautesten geschrieen hatte, oder zu dem, dessen Partei man hielt." – „Es mangelte den Abderiten nie an Einfällen, aber selten paßten ihre Einfälle auf die Gelegenheit, wo sie angebracht wurden, oder kamen erst, wenn die Gelegenheit vorbei war. Sie sprachen viel, aber immer, ohne sich einen Augenblick zu bedenken, was sie sagen wollten oder wie sie es sagen wollten. Die natürliche Folge war, daß sie selten den Mund auftaten, ohne etwas Albernes zu sagen. Zum Unglück erstreckte sich diese schlimme Gewohnheit auch auf ihre Handlungen; denn gemeiniglich schlossen sie den Käfig erst, wenn der Vogel entflogen war ..." – „Beschäftigte Leser sind selten gute Leser. Bald gefällt ihnen alles, bald nichts; bald verstehen sie uns halb, bald gar nicht, bald (was noch schlimmer ist) unrecht." – „Die alten Ägypter, die niemand reisen ließen, ehe er wenigstens funfzig Jahre auf dem Rücken hatte, waren weise Leute!" – „Nun ist es aber freundlicher, das menschliche Leben anzulachen als es anzugrinsen; und man kann sagen, daß sich derjenige um das Menschengeschlecht verdienter macht, der es belacht, als der es bejammert. Denn jener läßt uns doch noch immer ein wenig Hoffnung übrig; dieser hingegen weint albernerweise über Dinge, die er bessern zu können verzweifelt".

Aberglaube: Schlechte Schulzeugnisse und mehrfaches Sitzenbleiben deuteten auf Genialität hin.

Wahr gewordene Prophezeiung: Nach Professor Höflinger findet „die Rechenkapazität, die in den achtziger Jahren noch eine Fläche von 10000 m² benötigte, ... heute in einem Raum von der Größe einer Scheckkarte Platz und nach dem Jahr 2000 in einem Raum von der Größe eines Stecknadelkopfes. Dann kann jeder Mensch das Wissen der Menschheit in der Hosentasche mit sich herumtragen." Zusatz von mir: Es fragt sich aber, wie das Wissen aus der Hosentasche in den Kopf kommt.

Kunst läßt sich nicht definieren oder gar beweisen, aber logisch ordnen.

Gartenkunst: Die Kunst befiehlt der Natur. Eine besonders hohe Form der Künstlichkeit wird erreicht, wenn das Ergebnis ganz natürlich aussieht. Ein englischer Park tut so, als ob er nicht geordnet wäre, er ist es aber. So etwas geschieht nicht nur im Gartenbau. Auch die abstrakte Kunst ähnelt gelegentlich einer Kinderzeichnung. Das Ballett beruht auf einer ausgeklügelten Choreographie, deren Ergebnis eine spontane, aus dem Gefühl kommende Bewegung zu sein scheint.

Johann Wolfgang von Goethe zu Eckermann: Nichts ist für das Wohl eines Theaters gefährlicher, als wenn die Direktion so gestellt ist, daß eine größere oder geringere Einnahme der Kasse sie persönlich nicht weiter berührt.

Klassisches Bildungsgut: Über uns das Schwert des Damokles, in uns die Qualen des Tantalus, aber vor uns das Ei des Kolumbus, mit dem wir den gordischen Knoten durchtrennt haben.

Höchstes Niveau: Die Worte werden dünner und dünner; es ist fast nichts mehr drin.

Begriffe. Früher wurde von Ballungsräumen gesprochen. Bald wurde eine „Entballung" gefordert. Dann wurde das Wort „Verdichtungsraum" erfunden, welches die Schöpfung des Wortes „Entdichtung" auslöste. Eine „Entdichtung" ist eine „Verdünnung". Eine „Entdünnung" wäre wiederum eine Verdichtung. So dient die Sprache der Verdummung. Wir brauchen aber eine „Entdummung", wenn wir unsere Probleme lösen wollen.

Rat an Schriftsteller: Bei Sachbüchern nimmt die Zahl der Leser ab der ersten Hälfte des Buches stark ab; es kann sogar sein, daß überhaupt niemand mehr weiterliest. Deshalb braucht man sich in der zweiten Hälfte nicht mehr so anzustrengen wie in der ersten. Man kann sogar den Leser beleidigen, wenn er nichts Besseres zu tun hat, als dieses Buch zu lesen. Bemerken wird das niemand. Nur für die letzten drei Seiten muß man sich noch einmal anstrengen, will es Kleinkarierte und Mißtrauische gibt, die dort nachsehen.

Unter seinen Nebenbuhlern und Schülern war es zweien geglückt, ihn auf dem tragischen Thron wanken zu machen. Dem einen durch ein Stück, worin der Held gleich in der ersten Szene des ersten Akts seinen Vater ermordet, im zweiten seine Schwester heiratet, im dritten entdeckt, daß er sie mit seiner Mutter gezeugt hat, im vierten sich selbst Ohren und Nase abschneidet und im fünften, nachdem er die Mutter vergiftet und die Schwester erdrosselt hat, von den Furien unter Blitz und Donner in die Hölle geholt wird.

Abraham a Santa Clara. „Es gibt so viele Schreiber, daß man es gar nicht beschreiben kann. Die Schreiber, deren täglicher Umgang das Papier ist, müssen sich in acht nehmen, daß dessen Bestandteile, die Hadern und die Lumpen, nicht zuletzt von ihnen Besitz ergreifen, so daß sie selbst zu Haderlumpen werden."

Bewertung einer deutschen Rede. Ausreichend: Der Redner versteht sich und die Zuhörer ihn. Befriedigend: Der Redner versteht sich, aber die Zuhörer verstehen ihn nicht. Gut: Der Redner versteht sich selber nicht, und die Zuhörer verstehen ihn auch nicht. Ausgezeichnet: Der Redner versteht sich selber nicht, aber die Zuhörer glauben, ihn verstanden zu haben.

Wenn alles Kunst sein soll, was ist Kunst dann noch?

Schlimme Folgen eines Schreibens der Denkmalschutzbehörde. Sie schrieb: Bei der Baumaßnahme sind die Steckdosen zu erhalten. Sie wollte schreiben: Stuckdekken.

Architektur ist keine reine Kunst. Es kann dem Menschen egal sein, was der Maler mit der Leinwand und der Bildhauer mit dem Stein tut. Es ist ihm nicht egal, was der Architekt mit der Stadt tut.

Im 19. Jahrhundert hat ein württembergischer König einmal verfügt, es solle am Theater nicht mehr gesprochen, sondern nur noch musiziert werden. Darin liegt eine Unterschätzung der Wirkungsmöglichkeiten der Musik, die jeden Musiker kränken muß, und eine erhebliche Überschätzung der Kraft des Wortes, die den Dichtern und Schauspieldirektoren zu Unrecht schmeichelt.

Beethovens musikalische Darstellung der Schlacht von Waterloo 1815 wird in Wien aufgeführt. Der siegreiche Feldherr Wellington, Oberbefehlshaber der britischen und hannoverschen Truppen, hört sie sich an und sagt danach: „If it had been like that I would have run away myself" (Wäre es so gewesen, wäre ich selbst weggerannt).

Widerspruch zwischen Komponist und Dirigent: Am 50. Geburtstag von Richard Strauss spielte die Hoch- und Deutschmeisterkapelle den Rosenkavalierwalzer. Als der Komponist dem Dirigenten gratulierte, erklärte dieser: „Geschrieben ist so was bald, aber spielen, dös is a Sauarbeit."

Kuriositäten

Wer krank ist und raucht, hat noch eine Chance, die Nichtraucher nicht haben: Er kann das Rauchen aufgeben.

Wie viel von dem, was die deutsche Kultur ausmacht, ist unter dem Einfluß von Alkohol entstanden? „Freude schöner Götterfunken", so etwas schreibt man nicht bei Kamillentee.

Katastrophenschutz: Der beste Katastrophenschutz ist die Abwesenheit vom Explosionsort. (Aus einer Denkschrift)

Nach der Porträtierung: Ich habe mir noch nie gefallen. Jetzt gefalle ich mir noch weniger.

Wortungetüme: „Verkehrswegeplanungsbeschleunigungsgesetz. Planungsvereinfachungsgesetz. Man muß gute Lungen haben, um so lange Wörter aussprechen zu können.

„Große Taten": Eine Katze, die die Vase heruntergeworfen und den Kanarienvogel gefressen hat, gewinnt dadurch nicht an Wert.

Vermischte Gedichte

Vom Nutzen des Denkens

Meistens gibt es guten Mut,
wenn man denkt, bevor man tut.
Auch denke ich, es schadet nicht,
wenn man denkt, bevor man spricht.

Absurder Wind

Einem alten Spind
entfuhr ein Wind.
Brr, wie das tut.
Er wendet sich nach oben.
Dort ist gut
er aufgehoben.

Im Himmel

Wer dereinst im Himmel wohnt,
der bleibt von schwerem Leid verschont.
Auch Krankheit bringt ihm keine Not.
Denn krank wird nicht, wer schon tot.

Die Medallje

So mancher Esel, so manche Kanallje
Empfing bereits die Broncemedallje.
Drum brauche ich mich nicht zu schämen,
sie meinerseits auch anzunehmen.

Nichts zu erben

Es sprach der alte Pharao,
wenn I mal geh, bleibt gar nix do
für meine vielen Erben.
Denn muß ich sterben,
nehm ich mit
mein' ganze Gruscht in d' Pyramid.

Heimweh im Schützengraben

Eine bayerische Version des Soldatenlieds
aus dem Ersten Weltkrieg
„Steh ich in finstrer Mitternacht":

Steh ich im Schützengraben drin,
dann denk' ich oft in meinem Sinn
an Euch, Ihr Lieben, dort zu Haus,
nur ich bin draus, nur ich bin draus.

Da schrieb mir Fritz, mein Kamerad,
daß er dich auch besessen hat,
drei Tag nach mir, du falsche Büchs,
daß du's nur weißt,
von mir kriegst nix.

Die Kasse voll beten

Wer vor der leeren Kasse steht,
dem hilft nur selten das Gebet.

Die erste gute Tat

Zwanzig Euro hab ich gespendet,
damit sich das Los der Armen wendet.
Vorher fühlt ich mich beschissen,
doch das beruhigte mein Gewissen.

Der empfindsame Faulpelz

Daß endlich Arbeit er gefunden,
bereitet ihm so schwere Stunden.
Grad öffnet er den Mund zur Klag',
da sank er hin, ihn traf der Schlag.
Statt einer solchen Arbeitskraft
ist's besser, wenn man selber schafft.

Freche Jugend

Wir Alten werden nicht mehr ernst genommen,
von uns ist nur noch das Bargeld willkommen.

Lob der Erziehung

Wer erspart sich die Bemühung
um die richtige Erziehung,
erlebt ein bitterböses Wunder,
wenn der Nachwuchs groß und munter.
Im Alter keine rechte Stütze,
ist der Nachwuchs dann nichts nütze.

Vorsichtiger Aussteiger

Weil sie so wenig mir gefällt,
steig ich jetzt aus aus dieser Welt.
Doch wird' ich nicht so weit entweichen,
daß mich ihr Geld nicht kann erreichen.

Der Moralische

Täglich er sich mehrmals brüstet,
daß moralisch er entrüstet.
Wo er geht und wo er steht
verkörpert er Moralität.

Der Moralist

Täglich er sich mehrmals brüstet,
daß moralisch er entrüstet.
So erwarb trotz aller Schlechtigkeit
er den Anschein der Gerechtigkeit.

Der Musikfreund

Wenig Freude kann ich haben
am Gekrächze von den Raben.
Sängen sie wie Nachtigallen,
würde mir das mehr gefallen.

Das Mozartjahr

Didldudldumschrumschrum
das Mozartjahr ist endlich rum!
Für jene, die nicht musikalisch,
war es wahrhaft infernalisch,
verfolgt zu werden von Gedudel
wie von einem Wölferudel.

Die Toten wachen auf

Anhörend den Männerchor
tritt Mozart aus dem Grab hervor:
Sage mir, was störest du
mich in meiner Totenruh?
Auch Friedrich Schiller ist ergrimmt,
weil man die Glocke angestimmt.
Ich erwidre: Das ist kindlich,
Tote, seid nicht so empfindlich.

Der Plagiator

Warum soll ich selber denken,
wenn andere mir Gedanken schenken?

Der schwarze Ritter

Mit einem Mal, schon ganz nah,
steht ein schwarzer Ritter da.
Langsam schlendert er herbei,
und man fragt sich, wer er sei.

Unterm Blechhelm kommt hervor,
Parzival, der reine Tor.
Faltet d' Händ gleich zum Gebet,
als ob er's dringend nötig hätt.

Kundry erklärte auf der Stelle:
Die Füß' wasch ich dir auf die Schnelle.
Trockne ab sie mit den Haaren,
so läßt sich auch das Handtuch sparen.

Heiliger Gral schlägt zurück

Parcival fackelt nicht lange,
schleift herbei die Lanzenstange,
berührt mit ihr Amfortas Mund.
Der steht auf und ist gesund.
Offenen Mauls, der Worte bar,
staunte da die Ritterschar.

Stadtbelebung

Es war der Römer größter Spaß,
wenn der Löwe einen Christen fraß.
Alles strömt bei dem Genuß
in den Circus maximus.
Hei, wie es dem Tierlein schmeckt
und es seine Lippen leckt.

Die gute alte Zeit

Im Dreißigjährigen Krieg
gabs noch Natur in Fülle.
Sogar der Schwedentrunk,
der war aus echter Gülle.

Der Edelweißpflücker

Dieses Edelweiß hier wird niemand vermissen.
Ich hab's einer Kuh aus dem Rachen gerissen.
Das heißt, als ich selbige Kuh angetroffen,
war mit klarer Absicht ihr Maul bereits offen.
Ich wollte halt nicht, daß das Blümchen hin ist.
Das ist doch gewiß auch im Sinne von Grienpiss.

Umweltschutz tut not

Der Frosch quakt in der Pfütze
Umweltschutz ist spitze.

Es lebe das Prinzip!

Das Auto macht uns viel Verdruß.
Verkauf' dein Karren, lauf zu Fuß!
So wirst du rasch zum Wanderer,
und dein Auto fährt ein anderer.
Die Umwelt ist zwar nicht geschützt,
doch es wird das Prinzip gestützt.

Die empfindsame Sau

Die Sau frißt nichts mehr aus der Schüssel,
es schmeckt ihr nicht mehr wegen Brüssel.

Radikales Denken

Als keine Wurst auf seinem Brot lag,
dacht' er sofort an Mord und Totschlag.
Denn er dachte radikal.
Das heißt auf deutsch: nur selten mal.

Das Ende der Revolution

Jede Revolution endet zuletzt,
indem das Volk sich selbst absetzt,
wegwirft die Jakobinermütze
und einen Fürsten setzt an seine Spitze.

Anarchie

Eine große Idee Anarchisten vereint:
Nur der Staat ist gut, der sich selber verneint.

In der Schlinge der Gesetzgebung

Uns Deutschen ist noch Schlimmes beschieden,
wir sind gerade dabei, uns selbst zu verbieten.
Keinem anderen Volk kann solches gelingen.
Vor Stolz will mir die Brust zerspringen.

Traurig

Wer viel verspricht und wenig hält,
wird leider meistenteils gewählt.

Wiedervereinigung

Schon lange uns die Frage peinigt:
Wann werden wir denn wiedervereinigt?
Doch wer von uns hätt je gedacht,
daß das jetzt eintritt über Nacht.
Zuerst war unser Jubel groß,
doch jetzt, da machet mir in d' Hos.
Haben gefährdet Kohl und Brandt
unseren so hart verdienten Wohlstand?

Über der Sache

Wie das Blöken eines Rinds
Klingt Kritik aus der Provinz.
LMA denkt er für sich.
Mehrmals kreuzweis' könn' se mich.

Wahlkampf

Menschen, die nicht schaffen gehen,
wählen meistens Lafontaine.

Leicht zu erfreuen

Heißt's beim Lotto „Ohne Gewähr",
freut das den Pazifisten sehr.

Die Befreiung des Unkrauts

Ganz verzaubert und verhext
Seh ich, wie das Unkraut wächst.
Jahrhundertelang war
das Unkraut unterdrückt.
Jetzt ist es frei, ich bin entzückt.

Ein Wort für das Unkraut

Meinen Übereifer dämpf ich.
Das Unkraut nimmermehr bekämpf' ich.
Denn wie freundlich schaut sich an
Brennessel und Löwenzahn.
Dieser macht die Wiesen gelber,
und beide wachsen auch noch selber.

Schlaflos

Schlaflos wälz' ich mich im Bette.
Die Welt ist nicht, wie ich's gern hätte.
Wär' die Welt so, wie ich's will,
schlief ich ruhig und wäre still.

Das Weltall begreifen

Das große Weltall nur kapiert,
wer gern mit Nullen kalkuliert.
Wen vor der Null befällt ein Bangen,
kann kein Wissen von dem All erlangen.

Wort und Tat

Eine Tellersammlung schnell ergibt,
daß der Mensch den Menschen nicht so liebt,
wie man noch vorher hätt gedacht,
als nur sein Maul er aufgemacht.

Im Fernsehen

Eine Jungfrau, kaum erblüht.
Jetzt ist sie tot.
Das geht aufs Gemüt.

Skandal

Im ersten Kanal
und im zweiten Kanal
und noch einmal
im dritten Kanal,
auch im Journal
national, regional und auch lokal
Skandal auf Skandal
kolossal und fatal
katastrophal.

Weltmann

Er erweist sich als ein Mann von Welt
Dadurch, daß ihm nichts gefällt.

Herbstgedicht

Der Herbstwind streicht durch die Flur.
Ich suche meine Armbanduhr.
Ach fänd' ich sie! Des Suchens Qual
wär' dann vorbei, mit einem Mal
— der Herbst ist mir total egal.

Reiterunfall

Ein Reiter ritt einst durch den Hag
dort, wo ein Draht verborgen lag.
Bald lag der Reiter, wo der Draht
im grünen Hag gelegen hat.

Tod des Rößles oder Stuttgarts neues Wappen

Da liegt der Gaul jetzt als Verreckter,
erschlagen vom Verkehrsdirektor.
Statt dem umgebrachten Gäule
Steht ein Dreieck auf der Säule.

Kennen Sie den?

Warnung: Willy Brandt und Johannes Rau waren und Lothar Späth und Erwin Teufel sind begnadete Erzähler mit einem scheinbar unerschöpflichen Vorrat von Witzen. Aber auch ihnen passierte und passiert es gelegentlich, sich vor ein und derselben Runde zu wiederholen. Ich kann mich zwar nicht mit ihnen messen, doch macht mich meine Frau mitunter darauf aufmerksam, daß ein Witz, den ich gerade erzählt habe, schon in meinen „Gesammelten Witzen" steht, deren erste Ausgabe 1997 veröffentlicht wurde. Dies zur Warnung vor der Lektüre der folgenden Seiten, auf denen die Leser vielleicht einen Witz finden, den Sie schon kennen. Denn recht besehen, gibt es fast keine neuen Witze, sondern nur alte in neuer Kostümierung.

Vorsicht Fremdwörter!

In einer Beamtenstadt. Zwei Beamtengattinnen treffen sich auf dem Markt. Die eine flüstert der anderen zu: Mein Mann ist impotent. Die andere: Ist das mehr als Oberregierungsrat?

So ischts na au wieder

Das Büble ruft: „Vater, guck emol, der Mann hat einen zu kurzen Fuß." Der Vater: „Sei still, dafür ist der andere um so länger."

Sprachproblem

Ein Ausländer im Musikaliengeschäft: „Ich hätte gern Platte, wo Karajan spielt wie Hund." Der Verkäufer ist ratlos. Der Ausländer faßt nach: „Wo Karajan spielt wie Waldi" (Vivaldi).

Immer fleißig

Ein Freudenmädchen fährt in den Urlaub, kommt aber schon nach einer Woche zurück. Die Kolleginnen fragen, „Karlene, warum kommscht du denn so früh wieder?" Karlene: „Ha jo, wenn mer nix zum Schaffe hat, kommt man bloß auf dumme Gedanken!"

Gesetzestreue

Die Polizei beobachtet, wie ein kleiner Lastkraftwagen alle paar Kilometer anhält, der Fahrer aussteigt und mit einer Stange gegen die Plane schlägt. Sie stellt den Fahrer zur Rede. Dieser erklärt: „Ich habe fünf Tonnen Kanarienvögel dabei. Wenn nicht ständig zwei Tonnen von ihnen in der Luft sind, ist mein Lastkraftwagen völlig überladen."

Gesellschaftstanz

Die Dame flötet: „Wie schön wäre dieser langsame Walzer, wenn zwei Dinge nicht wären." Der Kavalier: „Und welche wären das, Gnädigste?" Die Dame: „Ihre Füße."

Wohnungsnot

Ein Mann zappelt im Neckar und ruft „Hilfe". Ein anderer steht am Ufer und ruft: „Wie heißen Sie?" Der Ertrinkende: „Kräutle, Hilfe." Der Mann am Ufer: „Wo wohnet Sie?" Der Ertrinkende: „In Cannstatt, Badstraße, Hilfe." Der Mann am Ufer: „Welche Hausnummer?" Der Ertrinkende mit letzter Kraft: „Vier, jetzt helfet Sie mir doch!" Der Mann am Ufer: „Vielen Dank, ich such scho lang a Wohnung."

Ehestreit

Sie verliert, packt den Waldi und ruft: „Jetzt stürzet mir uns aus dem Fenster!" Daraufhin er: „Halt, der Hund bleibt hier!"

Heimkehr der Helden

Die Mannschaft eines Schwimmklubs kommt heim. „Preise haben wir keine gewonnen, Sieger wind wir nicht geworden, aber es ist wenigstens niemand ertrunken."

Verkehrssünder

Ein Lastkraftwagen nähert sich auf einem Schleichweg einer Unterführung. Der Fahrer sagt: „Mist, nur zwei Meter vierzig zugelassen, wir sind aber drei Meter hoch." Sein Beifahrer: „Wieso, siehst du irgendwo einen Polizisten?"

Der Erfinder

Ein Mann erscheint im Patentamt. „Ich habe einen Haarschneideautomaten erfunden." Der Beamte: „Aber die Köpfe sind doch verschieden." Der Erfinder: „Vorher schon."

Bei der Bank

Der Chef einer Sparkasse fragt einen neuen Mitarbeiter: „Ich lese gerade Ihren Bericht. Wie wollen Sie eigentlich mit 10 Euro eine Rechnung über 215 Euro bezahlen?" „Ganz einfach, ich nehme die fünf, zähle eins und zwei dazu, habe acht und damit noch zwei übrig." Der Chef: „Um Gottes Willen, so geht es doch nicht!" Der neue Mann: „Aber bei meiner alten Bank haben wir immer so gerechnet."

Irrtum eines Prominenten

Ein prominenter Wahlkämpfer ist im offenen Wagen unterwegs. Er sieht, wie eine Frau mit Blumen am Straßenrand steht. Sofort läßt er anhalten, steigt aus, schüttelt der Frau die Hand, nimmt die Blumen, steigt ein und fährt weiter. Daraufhin sagt die Frau: „Wenigstens hat er mir mei Gießkännle glasse, i hab nämlich grad zum Friedhof wolle.

Ärztlicher Rat

Der Arzt fragt den Patienten: „Können Sie die Wahrheit ertragen?" Der Patient bejaht dies. Der Arzt: „Sie sind in drei Monaten tot." Der Patient: „Um Gottes Willcen, was kann ich noch tun?" Der Arzt: „Kein Alkohol, kein Tabak, keine Frauen." Der Patient: „Werde ich dann länger leben?" Der Arzt: „Nein, aber es kommt Ihnen länger vor."

Der Kaiser und der Kronprinz

Vor Verdun lagen im Ersten Weltkrieg mehrere württembergische Regimenter. Der Oberbefehlshaber der deutschen Truppen war der preußische Kronprinz Wilhelm, ein schlanker, eleganter, etwas degeneriert wirkender Herr, geradezu das Gegenbild eines Schwaben. Württembergische Kriegstaten pflegte Wilhelm mit Telegrammen an die beteiligten Regimenter zu belohnen („Bravo, Infanterieregiment 124"). Verdun auszusprechen fiel den Schwaben schwer, weil dieser Nasal im Schwäbischen nicht vorkommt. So behalf man sich mit „Ferdun" („Wo bischt du gwäa, als wir vor Ferdun gläga send?") Eine gut erfundene Geschichte aus den Kriegsjahren: Kaiser und Kronprinz machen einen Truppenbesuch. Nach der Lagebesprechung sucht der Kronprinz den Kaiser. Er fragt einen schwäbischen Landsturmmann, der Posten steht: „Haben Sie Seine Majestät den Kaiser gesehen?" Dieser antwortet: „Dr Vattr isch grad in des

Haus nei." Der Kronprinz zu seinem Stab: „Ist der Mann verrückt?" Der Landsturmmann: „I hab nix bemerkt!"

Der General und der Landwirt

Während eines Kaisermanövers versperrte ein schwäbischer Landwirt mit seinem Leiterwagen einem preußischen General den Weg. Der General wurde ungeduldig und schnauzte den Landwirt an: „Nun beeilen Sie sich mal ein bißchen, ich habe nicht den ganzen Tach Zeit." Der Landwirt erwiderte: „Leck mich am Arsch!" Der General fragte seinen schwäbischen Adjutanten: „Was soll ich jetzt tun?" Der Adjutant antwortete: „Herr General, I däts net!"

Der General und der Major

Bekanntlich kompensiert der Schwabe seine Zurückhaltung bei erotischen Aussagen dadurch, daß er die menschlichen Ausscheidungen beim Namen nennt. Auch verwendet er den Konsonanten „S" als „Sch", aber nicht immer. Während des Ersten Weltkrieges fügte es sich, daß ein preußischer Major ein Aborthäuschen aufsuchen wollte. Er klopfte an das Türchen und fragte: „Ist da jemand?" Da scholl es aus dem Häuschen heraus: „Hier ißt niemand, hier scheißt der General Wundt!"

Schiller und Goethe

Reichspräsident von Hindenburg soll bei einem Gespräch über deutsche Dichter gesagt haben: „Schiller ist mir lieber, Joethe is mir zu schlüpfrig."

Nur der Förstersohn

Reichspräsident von Hindenburg besucht Anfang der dreißiger Jahre die Reichswehrgarnison in Naumburg. Der Kommandeur stellt dem ehemaligen Generalfeldmarschall einen Soldaten vor, der aus der Sektkellerei „Rotkäppchen" in Freyburg an der Unstrut stammt. Hindenburg kennt die Inhaber Kloß und Förster. Er sagt zu dem Soldaten: „Ich höre, Sie sind der Sohn von Kloß und Förster." Darauf dieser: „Gestatten, Herr Feldmarschall, nur der Sohn von Förster!"

Vom Nutzen der Gewohnheit

Ein Angler schlägt die von ihm gefangenen Fische an seinem Stiefel tot. Ein mitleidiger Mensch ist entsetzt. Das sei doch grausam, meint er. Der Angler erwidert: „Das macht dene Fisch nix, das sind die so gewöhnt."

Auf dem Viehmarkt

Nach dem Kauf stellt ein Käufer fest: „Die Sau hinkt ja."
Darauf der Verkäufer: „Wollet Sie se mäschte oder wollet
Se auf ihr reite?"

Das Kanarienvögele

Zwei halb erblindete Freunde trinken Tee. Der eine will
Zitrone in den Tee pressen. Der andere ruft: „Um Gottes
Willen, mein Kanarienvögele!" Der eine: „Ach so, i hab
mi glei darüber gewundert, daß die Zitrone so pfiffe
hat."

Im Wirtshaus

Karle zu Fritz: „Mußt du net hoim?" Fritz: „Noi, mei
Frau ischt ein Engel!" Karle: „I muß gange, meine lebt
noch."

Überzeugendes Argument

Flugzeug auf der Strecke New York nach Wien. Ein
angetrunkener Fluggast torkelt aus der Touristenklasse
in die erste Klasse, setzt sich dort hin und verlangt
Whiskey. Alle Bemühungen des Personals, ihn zur Rückkehr in die Touristenklasse zu bewegen, scheitern.

Schließlich flüstert ihm der Flugkapitän etwas ins Ohr. Daraufhin verschwindet er. Befragt, was er ihm gesagt hat, erklärt der Kapitän: „I hob ihm halt erzählt, die erste Klasse fliegt gor net nach Wien."

Im Nudistencamp

Ein Herr zum Kellner: „Warum sprechen Sie so undeutlich?" Der Kellner: „Und wo soll ich mein Wechselgeld aufbewahren?"

Verpaßte Chance

Graf Bobby erzählt seinem Freund Mucki: „Gestern habe ich eine Dame kennengelernt, die is mit mir nach Hause gegangen, dann ham wir Wein getrunken, dann hat sie sich ausgezogen und sich ins Bett gelegt. Du, i glaub, da wär was z'machen gewesen.

Wahre Frömmigkeit

An einem Samstag trifft Baron Mucki Graf Bobby, der mit einem Gebetbuch durch die Straßen eilt „Wohin gehst du?" „Ins Bordell." „Mit dem Gebetbuch?" „Ja, wenn's mir gefällt, bleib ich bis Sonntag."

Das liebe Jesulein

In einer bayerischen Dorfschule ist auch ein kleiner Berliner, dessen Eltern zugezogen sind. Die Lehrerin fragt ihn: „Was ist das, es ist rot, hat einen langen Schwanz und hüpft von Baum zu Baum?" Antwort: „Wie ick den Betrieb hier kenne, kann det nur das liebe Jesulein sein."

Tüchtiger Verkäufer

Der Papst in Polen: Erschüttert über den sich ausbreitenden Atheismus. Er ordnet an, daß jeder Pfarrer hundert Bibeln verkaufen muß. Ein Vikar stottert, er soll von der Pflicht befreit werden. Er will aber auch Bibeln verkaufen. Man läßt ihn. Die Bibeln sind schnell weg, und er will mehr. Befragt nach den Gründen seines Erfolges sagt er: „Zuerst wowowollen die nicht kakakaufen. Aber wenn ich dann ein Kakakapitel vorlese, dann kakakaufen sie doch."

Toujours le mot pour rire

Ein Pfarrer begleite einen Delinquenten zur Hinrichtung. Es regnet fürchterlich. Der Delinquent jammert über das scheußliche Wetter. Doch der Pfarrer erwidert: „Was soll ich erst sagen. Ich muß den ganzen Weg wieder zurück."

Integriertes Gesamtjenseits

Ein Mann war gestorben, der aufgrund seines Lebenswandels keine Veranlassung hatte, darauf zu hoffen, daß er in den Himmel kommen werde. Zu seiner freudigen Überraschung wurde er im Jenseits durch Petrus begrüßt. Als er sich gerade an die erfreuliche Umwelt gewöhnt hatte, erschien plötzlich der Teufel und trat ihn in den Hintern. Sofort beklagte er sich bei Petrus: „Ich dachte, ich bin im Himmel." Doch Petrus entgegnete resigniert: „Mein lieber Freund, Himmel und Hölle, das haben wir schon lange nicht mehr. Wir haben jetzt das integrierte Gesamtjenseits."

Bürgermeister gegen Landrat

Ein Landrat bei der Visitation zu einem Bürgermeister: „Sie denken sicher, der Landrat kann mir den Buckel runterrutschen." Darauf der Bürgermeister: „So hoch habe ich eigentlich nicht hinauswollen."

Saumäßig ungeschickt

Ein Besucher aus der Provinz findet in der Großstadt in einem zweifelhaften Etablissement ein Nachtquartier. Am nächsten Morgen befragt, wie es ihm gefallen habe, meint er: „Recht war's. Bloß der Spiegel über dem Bett, der ist schon saumäßig ungeschickt beim Rasieren."

Immer witzig

Ein Betrunkener fällt in ein Grab. Am Morgen kommt der Totengräber vorbei, hört ihn wimmern und ruft hinunter: „Hättest du dir deinen Sarg nicht stehlen lassen, däts Di net friere."

Ein schwieriger Heimweg

Der Neffe bringt die Urne mit der Asche des Onkels heim. Er stolpert. Die Asche fällt heraus. Der Neffe füllt die Urne am nächsten Kuttereimer wieder auf. Die Tante will die Asche sehen. Sie betrachtet sie lange und sagt wehmütig: „Oh je, des bleibt vom Mensche: a bißle Asche, Eierschale und a Kronkorke."

Not kennt kein Gebot

Auch die Tante stirbt. Der Neffe trägt die Urne heim. Fürchterliches Glatteis. Der Neffe schlittert hin und her. Schließlich ruft er verzweifelt aus: „Pietät hin oder her, Tante Amalie, jetzt wirscht gestreut."

Sprachverwirrung

An der Grenze. Der Beamte fragt zwei Ausländer: „Kheret Ihr zamme?" Der eine Ausländer antwortet: „Nein. Er kehren zusammen. Ich fahren Gabelstapler."

Unterbrochene Trauer

Eine Witwe beim Faschingsball. Ein Herr: „Gnädigste tragen nicht mehr Trauer?" Sie: „Doch ich habe sie nur während der Faschingssaison unterbrochen."

Bittere Folgen einer Scheidung

Ein Motorradfahrer fällt mit seinem Rad immer um, wenn er halten muß. Ein Passant fragt ihn nach der Ursache. Der Motorradfahrer: „Meine Frau hat mich verlassen." Der Passant: „Was hat das damit zu tun?" Der Motorradfahrer: „Sie hat den Seitenwagen mitgenommen."

Auch eine gute Tat

Pfadfinder werden gefragt, welche guten Taten sie begangen hätten. Der eine hat einem alten Mann geholfen, seinen Koffer zu tragen, der andere den Hund des verreisten Nachbarn gefüttert. Ein Dritter sagt schließlich: „Ich habe meinen Hund auf zwei alte Frauen gehetzt, damit sie noch die Straßenbahn erreichen."

Pflichtgefühl

Ein Kaufmann liegt im Sterben. Die Familie ist um ihn versammelt. Er fragt nach seiner Frau und nach allen Kindern. Alle antworten. Da sagt er: „Und wer ist unten im Laden?"

Gutes Geschäft

Ein Brieftaubenzüchter ist reich geworden. Gefragt, wie er das geschafft hat, antwortet er: „Ganz einfach. Morgens verkaufe ich meine Tauben, und am Abend sind sie alle wieder da."

Auch das noch

Karl trifft seinen Freund Franz. Der hat seine Braut dabei. Die ist nicht die Schönste. Karl beugt sich vor und flüstert Franz ins Ohr: „Du kasch ruhig laut schwätze, daub isch se au no."

Grenzen der Mechanisierung

Die Fabrikantengattin zu ihrem Dienstmädchen: „Wir brauchen Sie eigentlich nicht mehr. Für alles gibt es ja heute Maschinen." Das Dienstmädchen: „Da wird sich Ihr Gatte aber schwer umstellen müssen."

A very good wife for 35 years

Zwei Golfspieler sahen, wie sich auf der am Golfplatz vorbeiführenden Straße würdig ein Trauerzug fortbewegte. Der eine von ihnen legte den Golfschläger weg, zog seine Mütze und verbeugte sich. Der andere folgte seinem Beispiel und bemerkte: „Ich hätte dir soviel Pietät gar nicht zugetraut." Der Pietätvolle bemerkte würdig: „Doch, das gehört sich so, immerhin war ich mit der Verstorbenen 35 Jahre glücklich verheiratet."

Befehl ist Befehl

Ein Bürger beobachtet zwei städtische Arbeiter, von denen einer Löcher gräbt und der andere sie wieder zuschüttet. Nach dem Sinn dieser Tätigkeit befragt, erklärten die beiden: „Eigentlich sollten wir Bäume pflanzen. Aber der, wo für die Bäume zuständig ist, der ist krank."

Vergeßliches Personal

Ein Forstbeamter sitzt in einem Waldwirtshaus, steht immer wieder auf und ruft hinaus: „Das Grüne nach oben!" Befragt nach dem Sinn seines Tuns, sagt er: „Wir pflanzen Bäume, und mein Personal ist so vergeßlich. Wenn man es nicht immer wieder sagt, machen sie alles falsch."

Grüße aus Havanna

Ein Ehemann kommt überraschend heim. Er geht ins Schlafzimmer. Die Ehefrau liegt im Bett. Auf dem Nachttisch ein Aschenbecher. In diesem raucht eine Zigarre. Der Ehemann: „Woher kommt diese Zigarre?" Die Ehefrau schweigt. Der Ehemann wiederholt: „Woher kommt diese Zigarre?" Da ertönt aus dem Schrank eine Stimme: „Aus Havanna, du Idiot."

Ein schöner Beruf

Zwei Frauen treffen sich wieder, nach langer Zeit. Die eine fragt: „Was ist eigentlich aus Ihrem Sohn Karl geworden?" Die andere: „Der ist Imker!" Die eine: „Wo hat er denn seine Völker?" Die andere: „Der hat keine Völker. Der hat nur zwei Bienen beim Stuttgarter Hauptbahnhof."

Bier und Perestroika

Ein russischer Bergmann trinkt nach einer Schicht immer ein Bier. Es kostet einen Rubel. Eines Tages heißt es: „Zwei Rubel." Der Bergmann fragt warum. Antwort: „Einer für Bier, einer für Perestroika." Nach ein paar Tagen wird dem Bergmann nur ein Rubel abverlangt. Er fragt: „Für Bier?" Antwort: „Es gibt kein Bier, bloß für Perestroika."

Geschichten aus
Deutsch-Südwest

Namibia am Neckar?

Der Begriff „Deutsch-Südwest", mit dem manche Journalisten gern den zugegebenermaßen etwas umständlichen Landesnamen Baden-Württemberg besonders flott umschreiben, ist für die ältere Generation eine Art Mogelpackung. Denn er wurde früher als Abkürzung für Deutsch-Südwestafrika benutzt, das von 1884 bis 1918 deutsche Kolonie war, aber amtlich fast zynisch als „Schutzgebiet" bezeichnet worden ist. Mit dem Schutz war es freilich nicht allzu weit her, wenn einheimische Stämme wie die Herero oder die Nama (ehedem Hottentotten genannt) aneinander gerieten oder sich partout nicht nach den Wünschen der Kolonialherren richten wollten. Ihre Aufstände wurden 1904 und 1907 von General von Trotha und Oberst von Deimling unterdrückt, zum Teil äußerst grausam bis hin zum Völkermord.

Aus Südwestafrika, vom Völkerbund 1920 Südafrika als „Mandatsgebiet" überlassen, ist 1968 durch UN-Beschluß Namibia geworden, das 1990 unabhängig wurde. In seiner Hauptstadt Windhuk erinnern prominente Gebäude an die deutsche Vergangenheit, vor allem die evangelische Christuskirche und der „Tintenpalast", das Parlamentsgebäude. Auch heute noch leben viele deutsche Siedler in diesem Land; selbst manche Bundesbürger haben seinen Reiz entdeckt, so Stuttgarts ehemaliger Wirtschaftsminister Martin Herzog, der jedes Jahr mehrere Monate in Namibia verbringt. Aus seinem Sprachgebrauch ist Deutsch-Südwest zwar nicht ganz verschwunden – schon deshalb, weil er knitze Redewendungen liebt! –, aber er denkt, wenn er davon spricht oder den Begriff hört, auch an sein Heimatland.

Die sieben Schwaben

Die Sage von den sieben Schwaben hat mir nie gefallen, gefällt mir nicht und wird mir nie gefallen. Sieben Schwaben ziehen mit einem großen Spieß aus, um etwas zu erleben, lassen sich von einem Hornissengeräusch und einem Hasen ins Boxhorn jagen und finden einen toten Bären. Es handelt sich nicht um liebenswürdigen und geistvollen Spott, sondern um eine geistlose Beschimpfung, auf die ich als Schwabe am liebsten mit dem Götz-Zitat antworten würde.

Aber die Götzsche Einladung an den längst schon dahingeschiedenen Verfasser zu richten, wäre absurd. Wahrscheinlich wollte der Verfasser ursprünglich im Schwabenland etwas werden, wurde aber nichts, und rächte sich durch Verunglimpfung. Ein ähnlicher Fall kam im 19. Jahrhundert vor, als ein in Tübingen gescheiterter Privatdozent ein Buch mit dem Titel „Culturbilder aus Württemberg" herausgab, wo er anonym mit Württemberg abrechnete. Er behauptete unter anderem, Württemberg würde zusammengehalten erstens durch den sogenannten Schlotzer, einen mit Most gefüllten Schnuller, der die Kinder schlafen lasse, allerdings auch bewirke, daß die männlichen Schwaben einen häßlichen Mund bekämen, und zweitens durch das evangelische Stift in Tübingen, dessen Absolventen sich so sehr überschätzten, daß sie meinten, es gäbe keine Aufgabe, der sie nicht gewachsen wären.

Nun könnten Liebhaber der sieben Schwaben mich fragen: Verstehen Sie Spaß? Ich würde antworten: Das kommt auf den Spaß an. Wenn man mir sagt „Setzen Sie sich bitte" und mir den Stuhl wegzieht, so daß ich schmerzhaft auf dem Hintern lande, mag das andere zum Lachen bringen, mich aber nicht. Auch liegt Humor nicht schon dann vor, wenn man sich freut, daß jemand eine Treppe herunterstürzt. Der von mir sehr verehrte Thaddäus Troll versucht, in seinem berühmten Buch „Deutschland, deine Schwaben" den Inhalt der Sage zu rechtfertigen mit dem Hinweis auf den braven Soldaten Schwejk, bei dem sich hinter der Maske der Einfalt der untergegangene Schalk verbirgt.

Ich sehe aber bei den sieben Schwaben keinen Schalk, sondern nur die Einfalt. Von den sieben ist einer dümmer als der andere. Schon die Beschaffung eines langen gemeinsamen Spießes ist eine Riesendummheit. Daß niemand ganz vorne an der Spitze des Spießes gehen will, kann man noch verstehen, denn feige sind sie alle. Auch Feiglinge können witzig sein, aber von Witz ist außer dem Hinweis, daß der erste Mann am Spieß wegen einer Hornisse vor Angst offenbar in die Hosen macht, jedenfalls einen üblen Geruch erzeugt, nicht viel zu bemerken. Daß in einem solchen Falle auf die Fäkalien zurückgegriffen wird, ist allerdings im schwäbischen Humor nicht ungewöhnlich.

Ungewöhnlich ist der Spiegelschwab, dessen Jacke einen Spiegelglanz angenommen hat, weil er das Produkt seines Schnäuzens an seinem Ärmel abzuwischen pflegte. Er muß ledig gewesen sein, denn keine Schwäbin würde eine solche Sauerei und Sachbeschädigung dulden. Wie heikel (und sparsam!) schwäbische Frauen nicht nur bei der Kehrwoche, sondern gerade auch in Kleidungsfragen sind, erhellt eine Geschichte über einen sonntäglichen Familienstreit. Der Ehemann drohte: „Jetzt geh i in de Wald und häng mi auf." Daraufhin die Gattin: „Aber net in deinem Sonntichsanzug!"

Die Menschheit im Bodensee

Wußten Sie, daß der Bodensee nur um 2,69 Meter steigen würde, wenn die gesamte Menschheit (mehr als 6,1 Milliarden) in ihm ertrinkt?

Schwäbischer Rückzug

Der Schwabe zieht sich manchmal in sich selbst zurück und kommt nach einiger Zeit in seltsamer Verfassung wieder hervor.

Durch die Kehrwoche zur Menschenwürde

Kehren, wenn es schmutzig ist, kann jeder. Aber etwas kehren, wenn es nicht schmutzig ist, macht die Handlung zum Ritual, von dem eine besondere Würde ausgeht. Nicht der Bürgersteig wird gereinigt, denn rein ist er ja schon, gereinigt wird der Lebensweg. Gibt es einen ergreifenderen Anblick als der eines Menschen, der Schmutz wegräumt, der gar nicht da ist, nur um dem Gesetz zu genügen?

Die Kuh ist keine Nachtigall

Die schwäbische Volksweisheit hat über die Bildungsfähigkeit des Menschen eine pessimistische Meinung: „Wer als Kalb in die Fremde geht, kommt als Rindvieh heim" und „Wer als Rindvieh geboren ist, stirbt nicht als Nachtigall".

Der Schwabengau am Harz

Ulrich Frank-Planitz stellt in seinem Buch "Sachsen-Spiegel" (Stuttgart 1998) fest: „Der Schwabengau am Harz ist kein irreführendes Etikett wie etwa die Schwäbische Türkei in Ungarn, wo mehr Nachkommen von Franken, Hessen, Bayern und Pfälzern als von Schwaben leben oder doch lebten. Die Harzschwaben, in der historischen Literatur Nordschwaben genannt, sind im Gegensatz zu den Donauschwaben tatsächlich schwäbischer Herkunft. Wie sie in das Gebiet zwischen Bode, Saale, Wipper und Harz gekommen sind, läßt sich nicht mehr ganz eindeutig klären. Nach einer älteren, neuerdings bezweifelten Auffassung kamen sie aus der Mark Brandenburg und aus Mecklenburg, wo sie anscheinend zurückgeblieben waren, als die Mehrheit ihrer Stammesgenossen im dritten Jahrhundert die Wanderung nach Süden angetreten hatte und auf ihrem langen Weg teils zwischen Lech und Vogesen, teils in Nordspanien landete. Offenbar mußten auch die in der alten Heimat gebliebenen Schwaben ihre ursprünglichen Sitze 350 Jahre später verlassen, als die Slawen bis an Havel und Spree vordrangen.

Die jüngere Forschung nimmt dagegen an, daß es sich bei den Nordschwaben um Rückwanderer aus dem Südwesten handelt. Sie soll der merowingische Frankenkönig Siegbert I. 569 gerufen haben, nachdem die am Harz siedelnden Sachsen ein Jahr zuvor mit dem Langobardenkönig Alboin nach Italien gezogen waren. Auch bei dieser Deutung spielt der Zustrom aus dem Osten eine

Rolle, denn Siegbert wollte wohl mit Hilfe der Nordschwaben verhindern, daß die Slawen die Elbe-Saale-
Linie überschritten und das entvölkerte Gebiet am
Harz besetzten. Die angeblich 20 000 Sachsen, die sich
den Langobarden angeschlossen hatten, verließen Italien
bald wieder, weil sie dort nicht nach eigenem Recht
leben durften, und kehrten 573 in das östliche Harzvor-
land zurück. Dort wurden sie von den Nordschwaben
besiegt und dürften sich mit ihnen schließlich vermischt
haben.

Für die Richtigkeit der jüngeren Forschungsergebnis-
se spricht, daß das Recht der Nordschwaben eine Erinnerung an ihr südwestdeutsches Herkunftsland bewahrt
hat. Denn nach dem um 1230 entstandenen ‚Sachsen-
spiegel‘ des Ritters Eike von Repgow, dem berühmtesten
Rechtsbuch des deutschen Mittelalters, war gegen ein im
Schwabengau angefochtenes Urteil ein Berufungsverfah-
ren bei einem Gericht in Südwestdeutschland möglich,
obwohl doch die schwäbische Besiedlung am Harz seinerzeit schon sechseinhalb Jahrhunderte zurücklag.
Sieht man von dieser Besonderheit ab, dann unterschied
sich schwäbisches und sächsisches Recht nach dem
‚Sachsenspiegel‘ nur geringfügig. Ein Unterschied gibt
freilich Rätsel auf. Bei Repgow steht nämlich der Satz:
‚Der Schwabe kann auch nicht von der Frauenseite Erbe
nehmen, weil die Frauen in diesem Stamm wegen der
Missetat ihrer Vorfahren alle erblos gemacht worden
sind.‘ Über die Art dieser ‚Missetat‘ schweigt sich der
‚Sachsenspiegel‘ aus.“

Alte Sachsen im alten Schwaben

Sachsen sind in Baden-Württemberg nichts Neues, denn sie kamen mehr oder weniger freiwillig schon vor mehr als tausend Jahren – allerdings nicht, wie nach 1945, aus Ober-, sondern zwischen 750 und 900 aus Niedersachsen. Sie wurden in der Karolingerzeit aus Nord- nach Süddeutschland verpflanzt und hier zwangsangesiedelt, weil sie sich lange gegen die Christianisierung und die Oberherrschaft der Franken gewehrt hatten. Ortsnamen wie Reutsachsen und Sachsenflur im Main-Tauber-Kreis, Hohensachsen und Lützelsachsen bei Weinheim, Sachsenhausen bei Giengen an der Brenz und bei Wertheim und Sachsenheim bei Ludwigsburg erinnern daran. Die Herren von Sachsenheim bescherten Schwaben im 14./ 15. Jahrhundert sogar einen Minnesänger namens Hermann, der in der Stuttgarter Stiftskirche begraben ist, und mit dessen Sohn Jörg einen Kunstmäzen.

Württembergs Thüringer und Slawen

Nicht nur Sachsen, sondern auch Thüringer und Slawen haben sich früh in Schwaben angesiedelt – oder wurden hier angesiedelt. So hat Stuttgart-Untertürkheim und -Obertürkheim nichts, wie oft angenommen, mit Türken zu tun, der Name deutet vielmehr auf Thüringer hin, die den schon zur Römerzeit existierenden Weinort am Neckar neu gegründet haben. Ähnlich erging es der Familie Duringsheim, die 1459 in Straßburg als Thüringheim auftauchte und 1552 als Türckheim geadelt wurde (Goethes Verlobte Lili Schönemann heiratete einen Bankier von Türckheim). Und der Name Winnenden im Rems-Murr-Kreis weist auf eine frühmittelalterliche Ansiedlung von westslawischen Wenden hin, die sich heute Sorben nennen und von denen etwa 60 000 in der Nieder- und Oberlausitz als ethnische Minderheit leben. (Erst Ende Mai 2008 wurde einer ihrer Vertreter, Stanislaw Tillich, sächsischer Ministerpräsident.)

Zürich, die „vornehmste Stadt Schwabens"

Im 10. Jahrhundert wurde die Pfalz Zürich zum Zentrum des schwäbischen Herzogtums. Hier tagte damals der schwäbische Landtag, hier wurden die ersten herzoglichen Münzen geprägt, und auch als kirchliches Zentrum überflügelte die Stadt an der Limmat das bischöfliche Konstanz. Das 948 gegründete Einsiedeln erscheint als Hauskloster der Herzöge, die ursprünglich Grafen von Rätien waren. Im 11. Jahrhundert jedoch verschob sich das schwäbische Zentrum nach Nordosten, und schließlich übernahm Ulm die Funktion Zürichs, bis dahin die „vornehmste Stadt Schwabens" („Geschichte der Schweiz und der Schweizer", Basel 2004). Hatten seinerzeit zunächst vier Adelsgeschlechter – die Rheinfelder, die Welfen, die Zähringer und die Staufer – anstelle der rätischen Grafen den schwäbischen Herzogtitel beansprucht, kam es 1098 zu einem Ausgleich: Die Zähringer verzichteten gegen die Abtretung der Reichsvogtei Zürich und die Unterordnung der Grafen von Lenzburg zugunsten der Staufer auf diesen Titel, so daß der Schwerpunkt Schwabens nicht mehr die heutige Schweiz war. 1218 wurde Zürich eine reichsunmittelbare Stadt, 1351 schloß es sich der Eidgenossenschaft an, und allmählich ist der Name Schwaben eine nicht sehr schmeichelhafte Bezeichnung für die (ursprünglich stammesverwandten) Nachbarn im Norden geworden.

Ein Mörder als letzter Schwabenherzog

In Friedrich Schillers „Wilhelm Tell", tritt in der vorletzten Szene ein Mönch auf. Er wird als Herzog Johann von Schwaben und Österreich erkannt und von Tell auf den Gotthard geschickt, um von da aus Italien zu erreichen und in Rom dem Papst zu beichten. Denn Johann, ein Enkel Rudolf von Habsburgs, hatte am 1. Mai 1308 bei Brugg an der Aare mit den Rittern von Eschenbach, von Palm, von Tegernfelden und von der Wart seinen Oheim, König Albrecht I., ermordet, der ihm sein väterliches Erbe vorenthielt, um die Hausmacht der Habsburger zusammenzuhalten. „Er war der Räuber meines Erbes", sagt der Herzog bei Schiller. Er floh vor dem Todesurteil tatsächlich über die Alpen und starb, 23jährig, am 13. Dezember 1313 in Italien. Er war der letzte Träger des Titels Herzog von Schwaben und ging in die Geschichte als Johann Parricida (lateinisch = Mörder) ein. Seine Bluttat hat den Versuch der Habsburger, die Königskrone ihrem Hause zu erhalten, für 130 Jahre unterbrochen (Albrechts Sohn Friedrich der Schöne brachte es 1314 nur zum Gegenkönig): 1308 wurde Graf Heinrich von Luxemburg zum deutschen König gewählt und 1312 zum römischen Kaiser gekrönt. Der von Dante besungene Herrscher ist schon ein Jahr später in Buonconvento an einem Fieber gestorben und im Dom von Pisa beigesetzt worden. In dieser kaisertreuen Stadt endete auch das Leben des Onkelmörders

Der böse Heller

1385 hat König Wenzel von Böhmen dem württembergischen Grafen Eberhard dem Greiner verboten, den sogenannten „bösen Heller", den dieser hatte prägen lassen und dessen innerer Wert seinem Namen entsprach, weiterhin in Umlauf zu setzen. Daraufhin ließ Eberhard der Milde ab 1396 neue Heller und Schillinge mit der Umschrift „Moneta in Stutengarten" schlagen, gegen die nicht die gleichen Bedenken bestanden wie gegen den bösen Heller.

Probeschießen in Esslingen

Im Jahre 1388 soll der Konstanzer Mönch Bertold Schwarz, der Erfinder des Schießpulvers, in Prag hingerichtet worden sein. Im Jahr 1449 wurde das Pulver in Württemberg ausprobiert. Graf Ulrich der Vielgeliebte und Markgraf Karl von Baden ließen zwei Tage lang Esslingen beschießen. Es wurden 81 Schüsse abgefeuert, aber nur ein Vogel und ein Schwein getroffen. Schon 1334 waren angeblich Geschütze bei der Verteidigung von Meersburg eingesetzt worden.

Der böse Fritz

1462 fand ein wichtiges baden-württembergisches Gemeinschaftsunternehmen statt, nämlich der Feldzug Graf Ulrichs des Vielgeliebten von Württemberg und des Markgrafen Karl von Baden gegen Pfalzgraf Friederich in Heidelberg, genannt der böse Fritz. Beiden Herren hatte der Papst auf ihrer Unternehmung einen Bannfluch gegen Fritz mitgegeben, der aber nichts half, denn der besiegte sie, nahm sie gefangen und ließ sie erst nach Zahlung eines hohen Lösegeldes frei.

Württembergs Silberberg und seine Nationalhymne

Der reichste Fürst

Preisend mit viel schönen Reden
Ihrer Länder Wert und Zahl,
Saßen viele deutsche Fürsten
Einst zu Worms im Kaisersaal.

„Herrlich", sprach der Fürst von Sachsen,
„ist mein Land und seine Macht,
Silber hegen seine Berge
Wohl in manchem tiefen Schacht."

„Seht mein Land in üppger Fülle",
Sprach der Kurfürst von dem Rhein,
„Goldne Saaten in den Tälern,
Auf den Bergen edlen Wein!"

„Große Städte, reiche Klöster",
Ludwig, Herr zu Bayern, sprach,
„Schaffen, daß mein Land dem Euren
Wohl nicht steht an Schätzen nach."

Eberhard, der mit dem Barte,
Württembergs geliebter Herr, sprach:
„Mein Land hat kleine Städte,
Trägt nicht Berge silberschwer;

Doch ein Kleinod hälts verborgen:
Daß in Wäldern noch so groß,
Ich mein Haupt kann kühnlich legen
Jedem Untertan in Schoß."

Und es rief der Herr von Sachsen,
Der von Bayern, der vom Rhein:
„Graf im Bart! Ihr seid der Reichste,
Euer Land trägt Edelstein!"

Justinus Kerner (1786 bis 1862)

Anmerkung zu der vom Dichter dem Grafen Eberhard V.
im Barte (1445 bis 1496) unterschobenen Aussage:
„Trägt nicht Berge silberschwer": Diese Aussage ist
schlicht und einfach erlogen und nichts als Heuchelei.
Denn bereits 1440 kaufte Graf Eberhard III. der Milde
dem Kurfürsten Ruprecht I. von der Pfalz die Stadt
Bulach (seit 1799 Neubulach) mit ihren Silber- und
Kupfergruben ab. Seine Mutter Elisabeth von Bayern,
eine Tochter Kaiser Ludwigs, hatte ihm ein reiches Erbe
hinterlassen und seine Frau Antonia Visconti aus Mai-
land eine große Mitgift in die Ehe eingebracht, so daß
sich der milde Eberhard solche Erwerbungen durchaus
leisten konnte. Schon fünf Jahre vor der Geburt seines
gleichnamigen Urenkels war der Schwarzwälder Silber-
berg also im Besitz der Württemberger Grafen.

Kerner hätte das als gebürtiger Ludwigsburger wissen
müssen oder wenigstens können, auch wenn das Bula-
cher Bergwerk im Bauernkrieg zerstört wurde (seit 1970

... 104 ...

ist ein Teil wieder begehbar und eine Touristenattraktion), zumal das „Silbertor" der Stadt noch steht. Aber vielleicht wäre „Der reichste Fürst" ohne die dichterische Freiheit, die sich Kerner in seinem Gedicht erlaubt hat, nicht zur „Nationalhymne" der Schwaben geworden, die ja gerne ihr Licht unter den Scheffel stellen und deshalb lieber etwas ärmer erscheinen als sie sind, obwohl sie natürlich erwarten, daß man ihnen das nicht glaubt. Auf das Konto der dichterischen Freiheit geht auch die Anspielung auf die Treue der Untertanen, denn sie ist historisch mit einem anderen Eberhard, nämlich dem Greiner (gestorben 1392), verbunden, der bei dem von Ludwig Uhland besungenen Überfall in Wildbad von einem schwäbischen Hirten nach Zavelstein getragen wurde. Das war freilich fünf Generationen vor Eberhard im Barte, dessen Kopf inzwischen aber, in Erz gegossen, im Schoße seines Retters liegt – auf einem Denkmal im Stuttgarter Schloßgarten.

Die fettleibige Barbara

Gerhard Raffs verdienstvollem Werk „Hie gut Wirttemberg allewege" (Stuttgart 1988) verdanke ich den Hinweis auf Albert Molls Studie über „Die Krankheits- und Todesfälle im Württembergischen Regentenhaus" (Stuttgart 1861). Dort heißt es über Barbara Gonzaga (1455-1503), Markgräfin von Mantua und Gemahlin von Eberhard im Barte, dem ersten Herzog von Württemberg, im Blick auf ihre „Fettleibigkeit im Alter":

„...um sie von einem Bette ins andere zu tragen, seien sechzehn starke Männer erforderlich gewesen". Als Eberhard die 18jährige kennenlernte, galt sie zwar als schön (und reich!), aber schon als „ziemlich korpulent". War ihre „Leibesfülle" das Erbe ihrer deutschen Mutter? Auf dem berühmten Fresko in der Camera degli Sposi (Hochzeitszimmer) des riesigen Palastes in Mantua, neben dem Vatikan der größte Schloßkomplex Italiens, ist die brandenburgische Prinzessin mit ihrem Gemahl und ihren Kindern zu sehen – eine nicht gerade schlanke Erscheinung, die irgendwie unseren Vorstellungen von den Frauen der alten Germanen entspricht!

Theorie und Praxis

Im Jahre 1514 wurde der Tübinger Vertrag geschlossen, nach überwiegender Meinung eine der ersten demokratischen Verfassungsurkunden im Deutschen Reich. In den folgenden Jahrhunderten gab es aber auch in Württemberg Veranlassung, wehmutsvoll über den Unterschied zwischen Verfassungstheorie und Verfassungswirklichkeit nachzudenken.

Durch Nichtgebrauch frisch

Der Tübinger Vertrag ist eine Verfassung, die nicht durch häufigen Gebrauch abgenützt wurde, sondern die sich durch längere Perioden des Nichtgebrauchs ihre Frische und Originaliät bewahrt hat.

Martin Luther über seine Reise nach Rom

„Wenn ich reisen sollte, wollte ich nirgends lieber denn durch das Schwabenland und Bayernland ziehen, denn sie sind freundlich und gutwillig, herbergen gerne, gehen Fremden und Wandersleuten entgegen und tun den Leuten gütlich. Sachsen ist gar unfreundlich und unhöflich, da man weder gute Worte noch zu essen gibt. Die Schweiz ist ein dürr und bergig Land. Drum sind sie engelich und hortig. Dort ist nicht viel Glaubens."

Die Wiedertäufer von Schwäbisch Gmünd

In der auch nach der Reformation katholisch gebliebenen Reichsstadt Schwäbisch Gmünd hat man mit Andersdenkenden früher kurzen Prozeß gemacht: Im Dezember 1529 wurden dort sieben Wiedertäufer auf der Basis eines Reichstagsbeschlusses geköpft. Sie gehörten zwar einer reformatorischen Gruppe an, wollten aber von Luther, Zwingli und Calvin nichts wissen, sondern sahen nur bewußte Freiwillige als Christen an, weshalb sie die Kindertaufe ablehnten. 1525 ist die erste Erwachsenentaufe in Zürich vollzogen worden. Die Bewegung breitete sich danach bis nach Holland, Mähren und Ungarn aus, wurde aber fast überall verfolgt, wenn auch selten mit so drastischen Strafen wie in Gmünd. Deshalb erregte die Enthauptung von fünf Männern, einer Frau und eines Jugendlichen damals großes Aufsehen und wurde in vielen Liedern beklagt, von denen manche noch heute von den Amischen in den USA, einer an der alten Überlieferung festhaltenden Glaubensgemeinschaft, in der deutschen Sprache des 16. Jahrhunderts gesungen werden. In Württemberg jedoch war das „Gmünder Totengericht" von 1529 weitgehend vergessen, bis die Skelette der Hingerichteten von einem Häuslebauer im Mai 2008 unter seinem Grundstück entdeckt wurden.

Kopf ab

In einer Veröffentlichung aus den zwanziger Jahren über die württembergische Geschichte hieß es: „Unsere Fürsten sind böse Kerle gewesen, wohl wert, ein größeres Reich zu regieren." Die Fürsten wurden stets unterstützt von einer emsigen Verwaltung, die entweder mit meistens gerechtfertigten Bedenken oder mit eher schnellem als gutem Rat zur Stelle war. Dies mag erhellt werden durch einen kurzen Dialog zwischen Herzog Friedrich von Württemberg (1593 – 1608) und seinem Kanzler Matthäus Enzlin, den ich dem Buche „Württemberg wie es war und ist", einer nicht sehr zuverlässigen, aber dafür unterhaltsamen Informationsquelle, entnommen habe. „Kanzler", rief Herzog Friedrich dem eintretenden Enzlin zu, „Kanzler, was sagst du zu diesem Frevel?" „Kopf

... 108 ...

ab, Kopf ab, gnädigster Herr", sprach dieser in dumpfem Ton.

Der Wolfsgalgen am Rhein

Unsere Tierschützer behaupten zwar, Wölfe gehörten in unseren Lebensraum und würden dem Menschen nur in seltenen Fällen gefährlich. Die wild lebenden Artgenossen der Hunde seien vielmehr auf Schafe und andere Beute aus, um sich satt zu fressen und ihren Appetit zu stillen. Wer sagt mir aber, daß ein hungriger Wolf, der sich eines Tages an den Neckar verirrt, mich nicht mit einem großen Schaf verwechselt, wenn ich bei meinen Spaziergängen im Stuttgarter Silberwald stolpere und plötzlich auf allen Vieren vor ihm stehe? Diese Raubtiere sind den Menschen jedenfalls so unheimlich wie Ratten und gelten als Symbol der Mordlust, wie wir aus unseren Märchen wissen. Deshalb wurden sie in Mitteleuropa ausgerottet und sind erst in letzter Zeit in wenigen Exemplaren in der Lausitz wieder aufgetaucht. Bei der Furcht vor dem Wolf mag es sich um Vorurteile handeln, die sich wissenschaftlich widerlegen lassen, was eben die Tierschützer auf den Plan ruft. Doch sind Vorurteile zählebig, zumal sie historisch genährt werden. So wird in Wyhlen bei Lörrach in Rheinnähe die Erinnerung an den ältesten Wolfsgalgen in Deutschland wach gehalten, der von 1301 bis 1655 hier stand und an dem Wölfe wie Verbrecher aufgehängt wurden. Ob sie nur Schafe und anderes Getier angefallen haben oder auch Menschen, läßt sich nicht mehr so genau feststellen. Auf jeden Fall haben sie von jeher Angst und Schrecken ausgelöst und sind sogar in die Bibel eingegangen, wo es im Matthäusevangelium heißt: „Sehet euch vor vor den falschen Propheten, die in Schafskleidern zu euch kommen, inwendig aber sind sie reißende Wölfe." Sicher ist nur, daß damit nicht unsere Tierschützer gemeint sind!

Raben und Spatzen

Württemberg. 1754 Subsidienvertrag mit Frankreich. 6000 Mann für Paris. Dafür wurde den Gemeindeschützen erlaubt, die Raben und Spatzen zu schießen.

Schiller und Franziska von Hohenheim

Franziska von Hohenheim, seinerzeit die Mätresse, später die Gattin des württembergischen Herzogs Carl Eugen, wurde 1780 in der Stuttgarter Hohen Carlsschule freundlich empfangen. Hier waren auch bürgerliche Schüler, die bisher nur den Rocksaum küssen durften, zum Handkuß zugelassen. Der 21jährige Carlsschüler Friedrich Schiller, der auf herzogliche Anordnung an dieser Militärakademie studierte, erklärt den freundlichen Empfang der elf Jahre älteren Franziska durch seine Kommilitonen mit dem Hinweis: „Die Tore dieses Instituts öffnen sich ... Frauenzimmern nur, ehe sie anfangen interessant zu werden, und wenn sie aufgehört haben, es zu sein."

Nur kleine Hunde

Um Wildschäden zu vermeiden, durften die Bauern in Württemberg nur kleine Hunde halten – mit Bändeln, die sie am Laufen hindern, und Beißkörben, die sie am Beißen hindern sollten.

Protestantische Salven

Katholische Gottesdienste in Ludwigsburg waren auf die Hofkirche beschränkt. Dennoch gab es eine Fronleichnamsfeier. Glocken läuteten, Kanonen donnerten und protestantische Soldaten mußten nach Verlesung eines jeden Evangeliums eine Salve abfeuern.

Friederike Brions Grab

Goethes Jugendliebe Friederike Brion, Pfarrerstochter aus dem elsässischen Sesenheim, hat nie geheiratet und ist 1813, gerade mal sechzig Jahre alt, in Meißenheim im Ortenaukreis gestorben. Dort lebte sie im Hause des Pfarrers Marx, der ihre Schwester geheiratet hatte. An der Meißenheimer Kirche ist ihr Grabstein mit einer schönen Jugendbüste und den rührenden Zeilen zu sehen: „Ein Strahl der Dichtersonne fiel auf sie, so reich, daß er Unsterblichkeit ihr lieh."

Alles Guten die Fülle

Goethe, „Reineke Fuchs" (1794): „Laßt uns nach Schwaben entfliehen! Es findet süße Speise sich da und alles Guten die Fülle. Hühner, Gänse, Hasen, Kaninchen, Zucker und Datteln, Feigen, Rosinen und Vögel von allen Arten und Größen. Und man bäckt im Lande das Brot mit Rosinen und Eiern."

Schwäbische Küche

Geringer Materialwert der Grundsubstanzen – verbunden mit der irrtümlichen Annahme, daß die Arbeit der Hausfrau nichts koste und dem Bestreben des Gatten, doch etwas Rechtes zu bekommen. Das setzt den Prozeß in Gang, dessen Ergebnis die schwäbische Küche ist (siehe auch Seite 148).

Pfingsten mit Wein und Käse

An Pfingsten geht es in Tripstrill, das früher Treffentrill hieß, hoch her. Die Ausflügler lassen rund um den Erlebnispark bei der legendären Altweibermühle viel Geld springen. Zumindest die Frauen hatten es da bis 1835 leichter: Bei der sogenannten Weiberzeche, einer im Zabergäu weitverbreiteten Sitte, wurden sie damals umsonst mit Brot und Wein bewirtet. Neubelebt ist seit 1950 der „Käseritt", bei dem am Pfingstmontag Bur-

... 112 ...

schen aus Großgartach bei Heilbronn auf dem benachbarten Hipfelhof der Familie von Cotta zu Pferde einen oder mehrere große Käse abholen.

Schwäbischer Dialog

Dialog. A: I will eigentlich nix meh. B: I au net. A: Ganget mir heim! B: Ganget mir heim! A: Aber vielleicht willst du doch noch a Viertele? B: Höchstens a Achtele!

„Culturbilder aus Württemberg"

„Von dem Schlotzer bis zum evangelischen Stift des Landes ist nur ein kleiner Schritt. Denn die Einrichtungen des Stifts dienen in vielen Fällen für die studierende Jugend nur als Beruhigungsmittel und können insofern mit einem Schlotzer verglichen werden, den manche ihr ganzes Leben zu gebrauchen pflegen. Außerdem aber ist es der große Mund, der eine gleiche Folge bei beiden Einrichtungen zu sein pflegt"."

Das Wasser der Sünder

Laut Abraham a Santa Clara gibt es nur ein einziges Wasser, das Heilkraft hat, nämlich das Wasser, welches dem bußfertigen Sünder aus den Augen fließt. Ich bin froh, daß dieser negative Standpunkt hinsichtlich der

Wirkung der Heilwässer nur noch selten eingenommen wird. Denn in Stuttgart sind die bußfertigen Sünder nur durchschnittlich vertreten, die Heilquellen aber überdurchschnittlich.

Napoleon in Stuttgart

20. Januar 1806: Schloßhof. Alle Häupter hätten sich entblößt trotz der Kälte des Januartages. Einer der Offiziere wollte den Schlag öffnen. Aber behend wie der Sturmwind der heimatlichen Wüste war der Mameluk von seinem Sitze heruntergesprungen, um seinen Gebieter zu bedienen. Der König ließ zu einer Opernaufführung alle mit schönen Stimmen begabten Schulmeister im Land zusammenraffen und zur Verstärkung des Chors nach Stuttgart bringen. Der Theaterintendant von Dillen ließ, da sich viel Volks auf den Freiplätzen versammelt hatte, gegen die natürlichen Dünste der Masse eine allgemeine Räucherung aller Theaterräume durchführen.

Die frommen Bauern im „heiligen Korntal"

1819 gewährte König Wilhelm I. von Württemberg dem Bürgermeister Hoffmann von Leonberg und seinem kurz zuvor gegründeten Brüderkollegium das Privileg zur Errichtung einer pietistischen Gemeinde mit weitgehend kirchlicher Autonomie. 68 Familien brachten

113 700 Gulden auf, um das Gut Korntal bei Ludwigsburg zu kaufen, aus dem nun das „heilige Korntal"
wurde. Die Häuser waren nur leicht gebaut, weil Johann
Albrecht Bengel, eine der prägenden Gestalten des württembergischen Pietismus, die Wiederkunft Christi für
1836 erwartete. Der aus Korntal stammende „Bilder-
buchunternehmer" Berthold Leibinger, industriell so
erfolgreich wie geistig anregend, hat berichtet, daß viele
Pietisten trotz der Gemeindegründung weiterhin nach
Amerika und auch nach Rußland auswanderten, „was ja
ohnehin seinen Reiz hatte, denn daß der Herr von Osten
kommen würde, war allen bekannt, und ihm dorthin ein
Stück entgegenzugehen sinnvoll". Zu Korntal legten die
Bauern deshalb bei der Feldarbeit den Rock auf der
Ostseite des Ackers ab. Zur Begrüßung des Herrn, dessen
Wiederkunft ja vorausberechnet war, konnte man dann
den Kittel mitnehmen."

Pietisten im Schwarzwald und in Oberschwaben

Die Korntaler Gemeindegründer hatten sich auf das
Vorbild von Königsfeld im Schwarzwald berufen, wo
Friedrich I. 1806 die Anlage einer unabhängigen Herrn-
huter „Brüdergemeine" mit zahlreichen Vorrechten genehmigte. Sie erhielt 1809 den Namen Königsfeld, fiel
aber beim württembergisch-badischen Gebietsaustausch
1810 an das benachbarte Großherzogtum. Damals besuchte die fromme Franziska von Hohenheim, die Witwe Herzog Carl Eugens, trotz schwerer Erkrankung

Herrnhut in der sächsichen Oberlausitz. Eine Schwestergemeinde von Korntal wurde 1823 im ausgetrockneten Lengenweiler (Moor-)Riet bei Ravensburg gegründet; man nannte sie zu Ehren von König Wilhelm I. Wilhelmsdorf.

Zensur in Stuttgart

Im Juni 1847 erschien hier ein ganz weißes Blatt, nur mit Seitenzahlen. Es wurde auch einmal die Verwendung des Wortes „Wahlkampf" verboten.

Baden an der Spitze des Fortschritts

„Statt der üblichen Spurweite von 1435 mm hatte sich das Großherzogtum für 1600 mm entschieden. Bald stieg der Zwang, sich dem in der Welt und in Mitteleuropa zur Norm gewordenen Schienenabstand anzugleichen. Friedrich List und andere Fachleute hatten schon früh zu diesem Schritt geraten, aber noch 1846 wiesen die badischen Verantwortlichen diesen Schritt energisch von sich. Erst im Mai 1854 begannen die Umrüstarbeiten. Innerhalb eines knappen Jahres ließ die badische Eisenbahnverwaltung 500 km Schienen umnageln.

Rauchen erlaubt!

Vor 160 Jahren, 1847, hat der Württembergische König in liberaler Stimmung das Rauchen in den Königlichen Anlagen gestattet. 2007 wird das Rauchen von den demokratischen Nachfolgern überall verboten.

Dasselbe Signal

Vor 1866 konnten sich Badener und Württemberger, die demselben Armeekorps des deutschen Bundesheeres angehörten, nicht auf eine gemeinsame Bedeutung eines Trompetensignals einigen. Dasselbe Signal bedeutete für die Württemberger „Angriff" und für die Badener „Rückzug".

Glückliche Rentnerin

Plieningen, 10. Dezember 1897: Hoch erfreut wurde heute die 78 Jahre alte Taglöhnerin Dorothea Schwab, indem sie die Nachricht erhielt, daß sie eine Altersrente zu erheben berechtigt sei, und zwar rückwirkend vom 1. Januar 1891 an, so daß die Glückliche heute auf dem hiesigen Postamte 979 Mark und 20 Pfennige erheben konnte und auch künftig alle Monate 13 Mark und 60 Pfennige erheben darf.

Der Harem von München

1888 besuchte der Schah von Persien, das damals noch nicht Iran hieß, den bayerischen Prinzregenten Luitpold (1821 bis 1912) in München. Schah war seinerzeit Nasr Eddin (1831 bis 1896) aus der Dynastie der Kadscharen, die offiziel bis 1925 regierte und dann vom Haus Pahlawi abgelöst wurde. Nasr Eddin war der erste Herrscher auf dem Pfauenthron, der Auslandsreisen unternahm (und sie auch beschrieb). Ihm gefiel München sehr, nur seinen Harem müsse der Prinzregent erneuern, sagte der Schah, als er die ältlichen Palastdamen (aus dem bayrischen Adel, Prinzessinnen, Gräfinnen und Baroninnen!) erblickte. Außerdem bat er Luitpold, ihm eine Hinrichtung zu zeigen. Als der bedauerte, dafür stünde gerade kein Verbrecher zur Verfügung, soll der Staatsgast aus dem Orient ein Mitglied seines Gefolges angeboten haben, was die Bayern dankend ablehnten. Der im Mai 2008 verstorbene Stuttgarter Journalist und Komponist Gerhard Konzelmann berichtet in seinem Buch „Der verwaiste Pfauenthron", daß Nasr Eddin nach seiner Ermordung von geistesgegenwärtigen Hofschranzen in seine Kutsche gehoben und tot, aber sitzend durch Teheran gefahren wurde. Bis zur Thronbesteigung seines Sohnes blieb das Volk im ungewissen über das Schicksal des Schah.

Rohes Fußballspiel

Beschreibung des Oberamts Bad Cannstatt von 1895: „Das Rudern, das Radfahren, und leider auch das meist in roher und gesundheitsgefährdender Art betriebene Fußballspiel sind in Cannstatt durch besondere Clubs vertreten."

Patriotismus durch Fußball

Seitdem Deutschland wiedervereinigt ist, suchen wir ein im Inneren akzeptiertes und außerhalb geduldetes Leitthema für einen deutschen Patriotismus, damit an diesen appelliert werden kann, wenn der Staat in Schwierigkeiten ist, zum Beispiel wieder einmal kein Geld hat. Unsere militärische Vergangenheit lassen wir am besten ganz weg. Das würde gerade noch fehlen, daß im Jahr 2009 mit einem Auerochsenkonzert, einem dem Rabengeschrei ähnlichen Gesang (Kaiser Julian über den germanischen Liedvortrag) und einer Festansprache des Bundesverteidigungsministers der Schlacht im Teutoburger Wald gedacht würde, von der man nur weiß, daß die Germanen sie gewonnen haben, nicht aber genau, wo sie stattgefunden hat – im Teutoburger Wald nach Meinung namhafter Historiker jedenfalls nicht.

Es gäbe sofort einen Streit zwischen den an der Schlacht interessierten Bundesländern, der schließlich nur durch die Einigung auf ein Schlachtfeld beendet werden könnte, das weder die Truppen des Varus noch die Heerhaufen des Arminius gesehen hat, zum Beispiel der nunmehr aufgegebene Truppenübungsplatz Münsingen, für den das Land Baden Württemberg ohnehin jemanden sucht, der die vielen Blindgänger einsammelt. Aber das sind Träumereien. Das Thema Kampf darf in einem deutschen Patriotismus gar nicht vorkommen, weder als Kampf ums Dasein noch als Klassenkampf, noch als Geschlechterkampf. Der deutsche Patriotismus sollte keine alten Geschichten aufstöbern, sondern zunächst einmal ein Bekenntnis sein. Aber wozu?

„Ich bin Deutschland" ist grammatisch etwas bedenklich, politisch aber in Ordnung, jedoch nur, wenn es Andersdenkenden oder woanders Geborenen zugebilligt wird, ähnliche Gefühle zu haben und sich ebenfalls für Deutschland zu halten. Aber heraus aus der Vergangenheit und hinein in die Zukunft: Das uns die Welt mehr vertraut, als wir uns manchmal selbst vertrauen, zeigt der Umstand, daß bei uns schon zweimal die Weltmeisterschaft im Fußball stattfinden konnte. Wer die Bedeutung des Sports und besonders des Fußballs für den Patriotismus in völlig unterschiedenen Staaten kennt, weiß dieses Vertrauen zu schätzen. Darauf kann auch unser Patriotismus gegründet werden. Wir brauchen ja nicht gleich auszurufen: „Wir sind Fußball!"

„Ich bin Fußball", das klingt auf den ersten Blick komisch. Aber wenn es zulässig ist zu sagen: „Ich bin Deutschland!" dann muß auch erlaubt sein zu sagen: „Ich bin Fußball!" Wie das im Detail funktionieren soll, weiß man weder in dem einen noch in dem anderen

Falle, das ist aber auch nicht notwendig. Die Suche nach dem Sinn ist ein Unsinn oder Blödsinn. Sofern keiner vermißt wird. Das ist hier der Fall. Deutsch sein heißt, eine Sache um ihrer selbst Willen tun. Es ist in Deutschland möglich, Sinn in der Sinnlosigkeit zu finden. Wer das schafft, dem gelingt es auch, sich für einen Fußball oder den Fußball zu halten. Zum Beispiel: „Ich bin in diesem Büro der Fußball, jeder tritt nach mir, aber ohne mich läuft hier gar nichts." Man kann in einwandfreiem Deutsch Hauptmann, Bürgermeister, Schlosser, sein, das sind Wörter, die Personen bezeichnen. Aber schlechthin „Fußball"? Oder „Deutschland"?

Eigentlich kann der Mensch in solchen Fällen nur ein Eigenschaftswort sein, zum Beispiel „Ich bin krank" oder „fußballverrückt", und nicht ein Hauptwort ohne Artikel. So etwas kam bis jetzt fast gar nicht vor. Ludwig XIV., König von Frankreich, sagte zwar: „Der Staat bin ich!" Er hätte auch sagen können: „Frankreich bin ich!" In Deutschland „Kaiser bin ich" zu sagen, war dem gestattet, der es tatsächlich war, aber möglichst nicht zu laut. Franz Beckenbauer darf das allerdings aufgrund einer Sondergenehmigung.

Warum sollte das Volk nicht aus einem Hauptwort ein Eigenschaftswort machen dürfen, indem es jenes als dieses verwendet? Der Fußball hat immerhin Eigenschaften, die sich definieren lassen: Er ist nicht nur rund, wie wir von Sachkundigen gehört haben, sondern auch hohl. Er ist letztlich ein Loch, das auf allen Seiten von Leder umschlossen ist. Dieses Loch ist nicht leer, also kein Vakuum, in ihm herrscht ein beachtlicher Druck. Ent-

... 121 ...

weicht dieser Druck, entweicht auch die Tauglichkeit als Fußball, seine wichtigste Eigenschaft schwindet dahin. Es bleibt zunächst der Ball und sodann nur die zu nichts nützliche Hülle.

Die Funktion und die Bestimmung des Fußballs ist, mit Füßen getreten zu werden, und zwar von mindestens zwei gegeneinander antretenden Mannschaften von je elf Spielern minus jener, die der Schiedsrichter vom Platz gestellt hat. Jede Mannschaft hat die Aufgabe, den Ball zu veranlassen, sich möglichst oft in das Tor der anderen Mannschaft zu begeben. In höchster Not soll das der Torwart verhindern, wozu ein großer Mensch mit möglichst großen Händen ausgesucht wird, die durch übergroße Handschuhe noch größer gemacht werden. Man sieht, obwohl den Löchern zuzurechnen und innen hohl, daß der Fußball überall dabei ist. Geht er kaputt, wird er gestohlen oder geht er auf andere Weise verloren und ist kein Ersatzball vorhanden, wird das Spiel abgebrochen und gegebenenfalls im Gerichtssaal fortgeführt.

Der Fußball führt Menschen aus fast allen Ländern der Welt zusammen, Menschen, die mehr als eine Milliarde Fernsehbetrachter als tüchtige und sympathische Zeitgenossen kennenlernen. Und das geschah in Deutschland. Wir brauchen keine Sprachakrobatik, um Patrioten zu werden. Wir können stolz sein, daß wir einen guten Beitrag zu dieser Begegnung geleistet haben.

Schlechter Einfluß aus Stuttgart

Württemberg. Ortsbeschreibung von Feuerbach 1851: „Die Einwohner sind gutmütig und sehr fleißig; der tägliche Verkehr mit der Hauptstadt übt übrigens nicht den besten Einfluß auf die Ortsangehörigen aus." (Stuttgart hatte damals 40 000 Einwohner)

Der König im Rathaus

König Wilhelm II. von Württemberg bei der Einweihung des Stuttgarter Rathauses 1905: „Mögen für unabsehbare Zeiten in diesem Rathaus nur solche Beschlüsse gefaßt werden, die zum wahren Gedeihen unserer Stadt beitragen."

Der Ranzenblitz auf dem Kniebis

Heinz Nienhaus überliefert im Buch über „Die Schwarzwaldhochstraße" (Freiamt 2008) die Anekdote vom Spitznamen des Lamm-Wirts Carl Gaisser auf dem Kniebis, bei dem Wilhelm II. von Württemberg abgestiegen war. Gerade als der Wirt dem König das Fleisch zum Essen servierte, sei ihm „unversehens ein lauter Wind entwichen". „Potz Ranzenblitz, Majestät", soll der erschrockene Wirt gestammelt haben, „ich dachte, er käme leiser". Der Name „Ranzenblitz" blieb an Gaisser, der 1916 starb, haften und wurde auch an seine

Nachfolger übertragen, bis das renommierte Kurhotel 1984 geschlossen (und 1985 abgebrochen) wurde.

Was unsere Vorfahren interessiert hat

Anfang 1909 hielt Anna Pappritz (vielleicht eine Verwandte der späteren Bonner Benimm-Tante?) auf Einladung der „Abolitionistischen Föderation" in Stuttgart einen Vortrag über „Sexuelle Ethik und Erziehung", den sie auch bei der „Frauenlesegruppe", vor der Sektion „Frauenbildung und Frauenstudium" und im „Württembergischen Lehrerinnenverein" wiederholte. Im „Schwäbischen Albverein" referierte Kanzleirat Ströhmfeld über „Mendelssohn-Bartholdy in seiner Eigenschaft als Wanderer". Im „Verein Bauhütte" befaßte sich der Ingenieur Gillrath mit der „Fensterfrage vom Gesichtspunkt der Hygiene aus". Im „Berthold-Auerbach-Verein" fragte Dr. med. Feldmann: „Warum bleiben wir eigentlich Juden?" und im „Blau-Kreuz-Verein" Dr. med. Fiebig aus Tübingen: „Wie hat sich ein Christ zur Abstinenz zu stellen?". Im selben Verein berichtete der Kaufmann Weegman über „Erlebnisse in Eisenbahnwagen". Im „Christlichen Verein junger Männer" ging es bei Sekretär Elsäßer schlicht um „Schicklichkeit", während Sekretär Hohloch von „Fünf Monaten unter Briten" erzählte. Bankier Pick beantwortete im „Württembergischen Verein für Frauenstimmrecht" die Frage: „Was soll die Frau von der Vermögensverwaltung wissen?".

Im „Württembergischen Goethebund" beschäftigte sich Professor Endriß mit der „Donau-Versinkung". Dr. Westerkamp aus Marburg an der Lahn wollte im „Württembergischen Lehrerinnenverein" gern wissen: „Warum brauchen wir weibliche Juristen?". Im „Verein zur Hebung der Sittlichkeit" war Dr. med. Steinheil der Frage auf der Spur: „Darf ein junger Mann sich ausleben?" und im „Sozialharmonischen Verein" konstatierte der Privatier Lotter: „Die durch die Ausdehnungskraft der slawischen Rasse entstehende Gefährdung der germanischen Rasse". Der schon erwähnte Dr. Feldmann untersuchte in der „Stuttgarter Loge U.O.B.B." die „Bedeutung des jüdischen Proletariats für die englische Industrie".

In der damals nur 280 000 Einwohner zählenden „Königlichen Haupt- und Residenzstadt" traten 1909 aber auch der Dichter Hermann Hesse, der schwedische Forschungsreisende Sven Hedin, die Politiker Matthias Erzberger von der katholischen Zentrumspartei, Conrad Haußmann von den schwäbischen Liberalen und Friedrich Naumann von der sozialliberalen Fortschrittlichen Volkspartei, der Theodor Heuss stark beeinflußte, sowie Herzog Adolf Friedrich zu Mecklenburg-Schwerin auf. Der als Forschungsreisender bekannt gewordene Herzog wurde 1912 Gouverneur der deutschen Kolonie Togo in Westafrika und war von 1949 bis 1951 Präsident des Deutschen Olympischen Komitees.

Die zehn reichsten Württemberger

Vermögen 1911 *

- Christian Kraft Fürst zu Hohenlohe-Oehringen,
  Herzog von Ujest, Oehringen   154 Millionen Mark

- Irma Gräfin Adelmann zu Adelmannsfelden,
  Wiesbaden   66 Millionen Mark

- König Wilhelm II. von Württemberg, Stuttgart
                                 36 Millionen Mark

- Freifrau Henriette von Simolin-Bathory, Stuttgart
                                 30 Millionen Mark

- Eduard Scharrer, Eltingen bei Leonberg
                                 25 Millionen Mark

- Robert Bosch, Stuttgart   20 Millionen Mark

- Franz Xaver Graf zu Königsegg-Aulendorf,
  Aulendorf bei Ravensburg   14 Millionen Mark

- Dr. Ernst Sieglin, Stuttgart   12 Millionen Mark

- Herzog Philipp von Württemberg, Stuttgart
                                 12 Millionen Mark

- Julie von Siegle   10 Millionen Mark

Auf ein Vermögen von ebenfalls 10 Millionen wurden Rudolf Freiherr von Simolin, Herzog Albrecht von Württemberg, Karl von Ostertag-Siegle, Friedrich Freiherr von Gemmingen-Hornberg, Gustav von Müller, Karl Behr und Eduard von Pfeiffer geschätzt. Die wesentlich reicheren Fürsten Albert von Thurn und Taxis (270 Millionen) und Max Egon zu Fürstenberg (110 Millionen), ein Freund Kaiser Wilhelm II., hatten nur ihren Nebenwohnsitz oder einige Güter in Württemberg, wo sie auch nicht ihr Einkommen versteuerten.

nach Rudolf Martin, Jahrbuch des Vermögens und Einkommens der Millionäre in Württemberg mit Hohenzollern, Berlin 1914

Der Zug nach dem Osten

Unter Osten versteht man heute die ehemalige DDR und andere Staaten, die früher zum Warschauer Pakt gehörten. Vor dem Ersten Weltkrieg war das anders, da meinte man mit Osten vor allem das benachbarte Königreich. So heißt es in Müllers Jahrbuch 1914: „Wenig erfreulich für Württemberg ist der Zug nach dem Osten, der Zug der Millionäre nach Oberbayern. Rudolf Freiherr v. Simolin hat seinen Wohnsitz in München und Konsul Eduard Scharrer zu Bernried am Starnberger See genommen." Die Liste der württembergischen Millionäre mit Zweitwohnsitz in München und Oberbayern läßt sich unschwer ergänzen, so durch Franz Xaver Graf zu

Königsegg-Aulendorf (München), Bertram Fürst von Quadt (München) und Helene Gräfin von Landberg, einer Tochter des DVA-Verlegers Eduard von Hallberger, der sich als einer der ersten in Oberbayern ansiedelte, als er 1869 das Schloßgut Tutzing am Starnberger See (heute Evangelische Akademie Bayerns) erwarb. Damals waren der Bodensee und die Schweiz noch nicht ins Blickfeld der württembergischen Millionäre geraten; nur die Stuttgarter Bankiersfamilie Federer kaufte sich einen Sommersitz in Überlingen.

Der Friseur und der Hochadel

Der Friseur Brunotte, der Zahnarzt Forschner und der Buchhändler Wildt wirken im Mitgliederverzeichnis des „Vereins zur Förderung des Museums vaterländischer Altertümer" in Stuttgart, dem jetzigen Landesmuseum Württemberg, wie Fremdkörper. Der Verein war 1910 gegründet worden und hatte zwei Jahre später 175 Mitglieder. In ihm wimmelte es unter der Schirmherrschaft des Königs und der Königin von Herzögen, Fürsten, Grafen und Freiherren, von Industriellen, Professoren und Generalen, unter ihnen die reichsten Württemberger mit Ausnahme von Robert Bosch und des Hopfen-Großhändlers Eduard Scharrer. Die Liste liest sich heute wie das Mitgliederverzeichnis eines besonders noblen Golfclubs, in dem allerdings Vermögen und Einkommen mehr zählen als hochadlige Abkunft. War seinerzeit der königliche Zeremonienmeister Felix Freiherr von Brusselle-Schaubeck Vereinsvorsitzender, ist es fast hundert Jahre später bei der „Gesellschaft zur Förderung des Landesmuseums Württemberg", der Nachfolgeorganisation des alten Vereins, ein Bürgerlicher: der „Schraubenkönig" Reinhold Würth, einer der erfolgreichsten Unternehmer Baden-Württembergs. Schirmherr ist mit Herzog Carl auch heute ein Angehöriger des ehemaligen Königshauses von Württemberg. Die Zahl der Mitglieder hat sich seit 1912 mit nun 1222 (2008) versiebenfacht.

Das badische Rußland

Kurt Tucholsky: „Ganz Rußland muß badisch werden" stand im August 1914 auf einem Eisenbahnwaggon. („Auf dem Nachttisch", 1922)

Schweden im Bottwartal

Als im Zweiten Weltkrieg die ersten Bomben auf Stuttgart fielen, brachte ein deutscher Rechtsanwalt, der die Interessen Schwedens in Württemberg vertrat, einen Teil seiner Unterlagen auf der Burg Lichtenberg bei Oberstenfeld im Bottwartal unter. Für alle Fälle übergab er der Burgherrin Marie Luise Freifrau von Weiler auch eine schwedische Flagge, die die mittelalterliche Ritterburg bei Kriegsende vor der Zerstörung bewahrte. Denn am 19. April 1945 wurde sie von amerikanischen Panzern beschossen, weil auf ihr Beobachtungsposten der deutschen Wehrmacht saßen. Mitten im Granatenhagel stieg Marie Luise von Weiler auf einen Turm und hißte die Flagge des neutralen Schweden, worauf die Amerikaner sofort das Feuer einstellten. Daß die mutige Tat der Burgherrin von der Wehrmacht nicht mit einem der zumeist tödlich verlaufenden Standgerichtsverfahren beantwortet wurde, zeigt, daß einen Tag vor dem letzten „Führergeburtstag" und elf Tage vor Hitlers Selbstmord die Vernunft allmählich wieder siegte.

Die Republik Lindau

Was die Bewohner des erzgebirgischen Kreises Schwarzenberg, der im Sommer 1945 zunächst weder von amerikanischen noch von sowjetischen Truppen besetzt worden war, vergebens erträumt hatten, eine eigene Republik, wurde am Bodensee Wirklichkeit: Der bayrische Kreis Lindau war fast elf Jahre lang selbständig. Als Korridor zwischen den Besatzungszonen der Franzosen in Deutschland und Österreich (Voralberg) blieb er aus Rücksicht auf das Selbstbewußtsein in München zwar Teil des Freistaates, unterstand aber einem eigenen Kreispräsidenten. Dieser setzte die südwürttembergischen Gesetze durch seine Unterschrift in Kraft, als wären sie in Lindau beschlossen worden. Denn Württemberg-Hohenzollern hatte von den Franzosen den Auftrag, den bayrischen Kreis am Bodensee politisch und administrativ zu betreuen, ohne ihn zu vereinnahmen. Die Idylle endete erst 1956, nachdem aus Österreich durch den Staatsvertrag von 1955 die Besatzungstruppen abgezogen waren. Für das „Schwäbische Venedig", durch seinen Handel mit der Schweiz und als letzte Station vor den Alpenübergängen im Mittelalter reich geworden, war die Autonomie nach 1945 eine Erinnerung an ihre Glanzzeit als Reichsstadt. Lindau wurde das im 14. Jahrhundert. 1803 fiel es durch den Reichsdeputationshauptschluß zusammen mit seinem Damenstift an einen „natürlichen Sohn" des Kurfürsten Karl Theodor von Pfalz-Bayern und einer geadelten Schauspielerin, kam aber im Tausch gegen größere Ländereien in Ungarn schon im Jahr darauf an Österreich. Im Preßburger Frieden von 1805 wurde es bayrisch, was es formell auch zwischen 1945 und 1956 war und seitdem ist.

Reformation vor der Christianisierung

Der Heidelberger Theologie-Professor Wilhelm Hahn wurde 1952 von einer Synode mit 35 zu 25 Stimmen zum evangelischen Bischof von Oldenburg gewählt, trat das Amt aber wegen der Proteste linker, von der (wohl kommunistisch unterwanderten) Prager Friedenskonferenz beeinflußter Gruppen in der dortigen Landeskirche nicht an. Der katholische Bundeskanzler Adenauer wunderte sich und fragte den evangelischen Bundestagspräsidenten Hermann Ehlers nach den Gründen. Der (beurlaubte) Oldenburger Oberkirchenrat erklärte den in der Tat ungewöhnlichen Vorgang schlagfertig damit, daß seine Heimat „reformiert worden ist, bevor sie überhaupt christianisiert wurde". Der verhinderte Bischof trat 1956 in die CDU ein, gehörte von 1962 bis 1964 des Bundestagsfraktion der Union an und war von 1964 bis 1978 Kultusminister von Baden-Württemberg; 1966 hatte er auch für das Amt des Stuttgarter Ministerpräsidenten kandidiert, wurde aber in der CDU-Landtagsfraktion mit 31 zu 25 Stimmen vom damaligen Innenminister Hans Filbinger besiegt.

Deutschlands beste Lügner

Nietzsche, Aphorismus 10 in „Antichrist": „Definition des Protestantismus: Die halbseitige Lähmung des Christentums – und der Vernunft... Man hat nur das Wort ,Tübinger Stift' auszusprechen, um zu begreifen, was die deutsche Philosophie im Grunde ist – eine hinterlistige Theologie... Die Schwaben sind die besten Lügner in Deutschland, sie lügen unschuldig."

Das Himmelreich im Schwarzwald

Das *Himmelreich* ist nur im Schwarzwald oder am Rübenberge bei Neustadt in der Nähe von Hannover zu finden. Die *Himmeltsthür* sollte man dagegen bei Hildesheim suchen, wenn man nicht die *Himmelpforten* an der Niederelbe bevorzugt. Im Himmelreich liegen der *Him-*

... 132 ...

melberg im Kaiserstuhl und der *Himmelsberg* in Hessen. Der *Himmelgarten* befindet sich in der Nähe der Blumenstadt Erfurt, während sich der *Himmelsfürst* in einer Freiburger Silbergrube versteckt, die auf dem Umweg über die *Himmelsleiter* am Fichtelberg, der höchsten Erhebung des Erzgebirges, zu erreichen ist.

Stuttgarter Fleiß

Stuttgart hatte 2005 587 000 Einwohner und 459 000 Erwerbstätige, das sind 78,2 Prozent. Oder, anders ausgedrückt, 78,2 Erwerbstätige je 100 Einwohner. Die Landkreiszahlen für Böblingen sind 55,2 Prozent, für Esslingen 49 Prozent, für Göppingen 43 Prozent, für Ludwigsburg 44 Prozent, für Rems-Murr 44 Prozent, für die Region 54 Prozent. Statistisch gesehen hat Stuttgart über 162 000 Arbeitsplätze mehr, als es dem Landesdurchschnitt (50,6 Prozent) entspräche. (459 000 minus 297 000 gleich 162 000). Freiburg 64 Prozent, Karlsruhe 76 Prozent, Mannheim 70 Prozent.

Ist das schwäbische Wesen in Gefahr?

Der Begriff „Brot und Spiele", der zusammenfaßt, was einst das Volk von Rom von seinen Kaisern und Politikern erwartete, ist einem alten Schwaben wie mir unheimlich. Wäre es möglich, daß eine so „aufhausige" (hochdeutsch in etwa „leichtfertige") Parole auch in schwäbische Seelen eindringt? Und daß die früher so bewährten Gegenformeln nicht mehr wirkten wie „Schaff ebbes, dann wirds dir nicht langweilig", ein Argument gegen jede mit Kosten verbundene Freizeitgestaltung? Damals ging so mancher montags gerne ins Geschäft, weil er froh war, das langweilige Wochenende überstanden zu haben. Heute scheint das Wochenende für viele im Mittelpunkt des Lebensinteresses zu stehen. Das könnte man fast annehmen, wenn man montags über die vielen „Events" liest, oder, noch eindrucksvoller, in der Innenstadt die vielen Menschen betrachtet, die „scheints nix anderes zum do hend."

Ist das schwäbische Wesen in Gefahr? Wenn die verstorbenen Stuttgarter wüßten, was heute los ist, würden sich manche im Grab umdrehen, eine Störung der Totenruhe auf den Stuttgarter Friedhöfen. Aber dort ist es ruhig. So soll es bleiben. In der Stadt jedoch soll und kann das Leben bunter und lebendiger werden. Wie sonst könnte sich ein Dienstleistungsbereich entwickeln, der die Arbeitsplätze schafft, welche angesichts der Verdrängung menschlicher Arbeit durch Technik dringend gebraucht werden?

Wer nach der Maxime aus Schillers Tell „Die Axt im Haus erspart den Zimmermann" alles selbst macht und keine anderen Dienste in Anspruch nimmt als den monatlichen Haarschnitt, fördert nicht gerade die Entstehung von Arbeitsplätzen. Ob es uns gefällt oder nicht: Die Schaffung von Dienstleistungsarbeitsplätzen hängt ab von der Erzeugung von Bedürfnissen, auch solchen, welche früher kaum einer oder überhaupt niemand ge-

... 134 ...

habt hat. Auch ich schüttle angesichts dieses Umstandes den Kopf, hoffentlich noch ein paar Jahre, aber so ist es. Diese Bedürfnisse entstehen nicht in einer Gesellschaft, die Genügsamkeit in die oberste Rangstufe der Tugenden hebt.

Die schwäbische Sparlust gibt es zwar noch immer, sie äußert sich aber diskreter, das heißt, man rühmt sich ihrer nicht mehr. Ich saß einmal mit einem wirklich bedeutenden schwäbischen Unternehmer und Weltmann beim Abendessen, um mit ihm einige Probleme zu besprechen, als plötzlich seine Tochter auf dem Handy anrief. Der rastlos tätige Vater schwieg zunächst. Nach etwa drei Minuten fragte er: „Weißt du, was dein Telefongespräch bislang gekostet hat: „Nein? Vier Mark vierzig!" Die Tochter sprach weiter. Der Vater: „Jetzt sind es sechs Mark zwanzig! War es das wert?"

Die Zurückführung der Probleme auf ihre Kostenseite hat zwar ihre Vorzüge, ist aber zur Zeit nicht mehr durchzuhalten. Auch der schwäbische Protestant denkt heute nicht nur an das ewige Heil, sondern will etwas erleben: Kunst, Unterhaltung und Spiele, auch wenn einige seiner geistigen Vorfahren gegen eine Geschichte vom spielenden Jesuskind Bedenken hatten und einwendeten, Jesus habe als Kind nicht gespielt, sondern seinen Eltern bei der Arbeit geholfen.

Die junge Generation der Schwaben ist lockerer, auch im Umgang mit Geld. Brot hat sie, aber sie will auch Spiele, Mitmachspiele und Zuguckspiele. Das Wichtigste dieser Spiele ist zur Zeit der Fußball. Schon Kleinkinder, die kaum auf den eigenen Beinen stehen können, spielen ihn, am liebsten dort, wo das gute Porzellan aufbewahrt wird. Es geht beim Fußball menschlicher zu als bei den Spielen im alten Rom. Keine Gladiatoren kämpfen um ihr Leben, keine wilden Tiere zerreißen Menschen, kein Reinigungspersonal muß in den Pausen das Blut aufwischen und die toten Verlierer forttragen. Und dennoch entsteht Begeisterung für den Sport und seine Helden. Der kollektive Jubel während der Europa- und der Weltmeisterschaft im Fußball, vom Fernsehen bis in die abgelegensten Flecken übertragen, hat gezeigt, wie überall dieselben Gefühle ausgelöst und über Stunden hinweg am Leben erhalten werden können. Das bedeutet nicht, daß alle Zuschauer ein Herz und eine Seele wären, aber sie haben ihre Helden, ihre Idole, die verhältnismäßig harmlos sind, und sie akzeptieren dieselben Regeln und Maßstäbe. Das dient bereits der geistigen Gesundheit.

Ob der Spitzensport gesund ist, das ist eine andere Frage. Bertholt Brecht meint, Sport sei nicht gesund. Boxkampf um den Stuhlgang zu verbessern, sei kein Sport, sagt Brecht, und in der Tat, wer im Boxring von Luan Krasniqi eine Linke einstecken muß, kann sich kaum im Besitz einer besseren Gesundheit wähnen. Sport, nicht nur Boxen, Ringen, sondern vor allem auch Fußball, hat etwas Dramatisches, Tragisches und Schicksalhaftes. Da gibt es noch echte Helden. In einem guten Fernsehapparat erlebt man sie noch intensiver als in der Arena.

Man schaut zu und ergreift Partei, jubelt, wenn die eigenen gewinnen, ist betrübt, wenn sie verlieren. Hofft, daß Achillesfersen und Kreuzbänder der eigenen Mannschaft am kommenden Samstag funktionieren, damit die erhofften Tore geschossen werden können. Gelegenheit, Mitleid zu empfinden, gibt es auch, wenn einer oder mehrere umgerannt wurden. Wer wen umgerannt oder sonst wie zum Stolpern gebracht hat, entscheidet der Schiedsrichter. Mit vom Schmerz verzerrtem Gesicht, den sterbenden Kriegern gleich, mit deren Masken der Baumeister Andreas Schlüter 1696 das Berliner Zeughaus geschmückt hat, will der am Boden Liegende das Mitgefühl des Schiedsrichters erlangen. Sobald der Schiedsrichter seine Entscheidung getroffen hat, springen meistens alle wieder auf und stürzen sich in das Geschehen.

Das Erstaunliche am Sport, auch am Fußball, ist, erstens, daß dieselben Regeln weltweit akzeptiert werden; zweitens, daß sich bei den aktiven Teilnehmern, aber auch bei den Zuschauern eine Kultur der Fairneß entwickelt hat, so daß ein gutes Spiel auch vom Rivalen und Gegner anerkannt wird. Drittens, daß selbst religiöse Unterschiede kein Hindernis sind, um an einem Strang zu ziehen. Viertens, daß im Sport die Leistung mehr zählt als im Leben. Es lohnt sich, diese Wertvorstellungen zu pflegen.

Die allgemeine Stadtbelebung in fast ganz Baden-Württemberg mit ihren Höhepunkten wie Sportereignissen, Stadtfesten, Weindörfern, Volksfesten, Weihnachtsmärkten oder Kulturnächten zeigt, welche Vielfalt, Buntheit und Weltläufigkeit die Städte inzwischen erreicht haben, ohne daß die schwäbische Seele Schaden erlitten hätte. Wolfgang Schuster weist in seinem Vor-

wort zu dem Buch „Wir sind Stuttgart" darauf hin, daß
rund ein Drittel der Stuttgarter im Ausland geboren ist,
daß Menschen aus 170 Nationen hier leben und daß
diese 120 Sprachen sprechen. Das Schwäbische ist das
verbindende Element, darf ich hinzufügen, dessen Art,
Vokale, Nasale und Konsonanten auszusprechen, sich in
vielen Weltsprachen wieder findet, zum Beispiel: „Nie
hau i de beschte Platz" chinesisch, „alle Ma" französisch,
„alle mal lache" arabisch.

Stuttgart: einer der schönsten Plätze

Gottfried Knapp Anfang März 2005 in der „Süddeut-
schen Zeitung" über das neue Kunstmuseum Stuttgart:
„Selbst wenn das neue Kunstmuseum in Stuttgart keine
andere Aufgabe hätte, als den Touristen eine schöne
Aussicht auf die Stadt zu bieten, müßte man den Bau
in hohen Tönen loben. Der Rundumblick aus dem all-
seits verglasten Obergeschoß des Museums-Kubus muß
auf Stuttgart-Besucher wie ein Wunder wirken. Alles
Unschöne ist wie weggeblendet, ja der Schloßplatz, auf
den man hinuntersieht, kann plötzlich wieder deutlich
machen, warum ihn Karl Baedeker, der Urvater aller
Reise(ver)führer, im 19. Jahrhundert als einen der
schönsten Plätze Europas bezeichnet hat. Die Geometrie
der sich kreuzenden Wege, der weite Ehrenhof des ba-
rocken Schlosses und sein prächtiges klassizistisches
Pendant, die hohen Renaissancebauten auf der einen
und die gemäßigt modernen Setzungen von Schmitt-

... 138 ...

henner und Theodor Fischer auf der anderen Seite bilden ein locker komponiertes Ensemble von bezwingendem Reiz. Und da aus der weiteren Umgebung nur die schönen Wahrzeichen der Stadt hereingrüßen – die villenbesetzen Hänge, der Bahnhofsturm, das Staatstheater, das Wilhelmspalais, das Massiv des Alten Schlosses und die Türme von Rathaus und Stiftskirche –, bekommt man eine Ahnung von dem residenzstädtischen Charme und den landschaftlichen Schönheiten, die sich den Besuchern Stuttgarts noch im frühen 20. Jahrhundert eingeprägt haben."

Ein Nachruf auf Weihnachten

Der alte Vorwurf junger und jung gebliebener Bürger, daß in Stuttgart nichts los sei, ließ bereits meinen Vorgänger Arnulf Klett und mich nicht mehr ruhen. Deshalb versuchten wir, jeder auf seine Weise, ihn durch verschiedene Projekte zu entkräften. Aber den richtigen Schwung bekamen diese Bemühungen erst durch meinen Nachfolger Wolfgang Schuster. Seitdem er die Landeshauptstadt regiert, ist in Stuttgart mehr los als in vielen anderen Städten. Der Anteil jener an der Gesamtbevölkerung, die am Wochenende die Schaufenster besichtigen und danach sagen, sie seien froh, das sie „des alles net brauchet", nimmt ab, und der Anteil jener, die Geld ausgeben, nimmt zu. Ob Stuttgart schöner als Berlin oder Köln ist, sei dahingestellt. Jedenfalls behaupten das Massenchöre, die sich bei besonderen Ereignissen bilden. Warum auch nicht? Das ist das neue Selbstbewußtsein: „Wir lasset uns nicht auf den Kopf spucken, wir machen das Maul auf!"

Die Fußballweltmeisterschaft war ein Bombenerfolg für Stuttgart, der mich geradezu euphorisch stimmte, und das will bei meiner skeptischen Mentalität etwas heißen. Als der VfB auch noch Deutscher Meister wurde, zog sich meine skeptische Veranlagung in den hintersten Winkel meines Unterbewußtseins zurück. Dann kam ein Rückschlag. Der VfB verlor im Herbst 2007 ein Spiel nach dem anderen, und die Skepsis kehrte zurück, allerdings nur bis zum VfB-Sieg gegen Bayern München mit 3:1! Toren. Mit Weihnachten kam die Hoffnung. Weihnachten ante Portas, es stand vor den Toren und wollte hinein. Eigentlich war es schon drin, denn seit Monaten liefen die Vorbereitungen. Wochenlang erklangen die Weihnachtslieder. Wir trafen in der Stadt auf immer mehr Weihnachtsmänner in ihren rot-weißen Uniformen, die auf den VfB und sein rot-weiß-rotes Fußballband hinwiesen.

Aber es kam, wie es wollte: Man mußte sich freuen, auch wenn der Festgedanke manchmal fast eine drohende Haltung einnahm. Es sollte das größte, strahlendste, umsatzstärkste, prächtigste Weihnachten werden, das es in Stuttgart je gegeben hat. Das war nicht leicht, aber wir schafften das. Wir haben es schon immer geschafft, uns selbst zu übertreffen. Das ist ja auch das Wichtigste, was der moderne Mensch glaubt leisten zu müssen: sich selbst zu übertreffen, seine Möglichkeiten voll ausschöpfen, aber auch sich selber erschöpfen. Das eine folgt aus dem anderen.

Hinter uns liegen Events, neben denen Ostern und Pfingsten verblassen würden, wenn nicht doch noch etwas Christentum zu finden wäre. Durch Weihnachten wird der Handel noch mehr angekurbelt, als durch alle anderen Events zusammen. Das ist ja auch recht. Nur ist das Weihnachten, das den Umsatz anregt und die Kassen klingeln läßt, nicht das eigentliche Weihnachten, genaugenommen gar kein Weihnachten, sondern eine Begleiterscheinung, die man so oder so bewerten kann. Keine Sorge, ich will nicht in meinen alten Tagen zum Pharisäer werden. Ich finde es schön, daß die Menschen sich gegenseitig beschenken, und ich halte es für normal, daß der Handel versucht, diese Bereitschaft zu schenken, auch zu seinen Gunsten zu nützen. Aber die Nebensache sollte nicht zur Hauptsache werden. Auch wenn das etwas spießig klingt: Der Mensch braucht einige Tage im Jahr, die keine Events anbieten, sondern Ruhe, Zeit zum Nachdenken, zum miteinander reden. Einige Tage im Jahr muß das drin sein. Auch Ostern und Pfingsten sind geeignet für solche Nachdenklichkeit, aber die Weihnachtstage auf jeden Fall. Für die Stimmung wäre es gut, wenn es schneit, für den zur Kehrwoche Verpflichteten nicht. Aber wir wollen uns doch nicht zum Gefangenen des Praktischen machen lassen.

Ich will anders Denkende und Glaubende nicht kränken, aber die Geburt unseres Heilands war das folgenreichste Ereignis der Weltgeschichte. Wer die Wirkungen betrachtet, die von einem kleinen Stall in Bethlehem ausgingen, wird das nicht in Abrede stellen. Die Weltgeschichte, die Geschichte aller Staaten wäre ohne dieses Ereignis anders verlaufen. Das der Gang der Geschichte den Lehren Jesu gefolgt wäre, läßt sich nicht sagen. Aber es ist auch nicht so, daß die Menschen sich unmittelbar nach Jesus Tod am Kreuz nicht mehr an diesem, sondern an dem freigelassenen Räuber Barrabas ausgerichtet hätten, wie das Bernhard Shaw schreibt. Beides hat sich ereignet. Die Zukunft der Menschheit hängt heute davon ab, daß das Leitbild des Barrabas verschwindet. Dies wird nicht voll gelingen, aber versuchen wir es doch.

Wir müssen herunter vom hohen Roß, wenn wir mit Gläubigen anderer Religionen oder Menschen, die keiner Religion angehören, zurechtkommen wollen. Die Bestrebungen, Brücken zwischen Christen und Nichtchristen zu schlagen, sind besonders dringend. Ohne gegenseitige Achtung gibt es keinen Frieden. Es ist wichtig, daß Weihnachten nicht nur zu einem unter vielen „Events" wird, das die Kassen klingeln, die Kinder lachen und die Eltern seufzen läßt. Es ist auch nicht damit getan, Haloween zwischen Volksfest und Weihnachten zu etablieren, damit keine zu lange Pause im Unterhaltungsbetrieb entsteht. Alles zu seiner Zeit, aber auch Zeit für das Wesentliche. Das Wesentliche ist der Friede. Der wird uns wie vieles andere auch nicht einfach geschenkt, weder im kleinen noch im großen. Er wird nur dem zuteil, der sich um ihn bemüht, indem er das ganze zu sehen gelernt hat und nicht nur die eigenen Interessen und den flüchtigen Vorteil.

Glasperlen vom Schwabenhans

In „Bernhard Vogels Thüringer Kaleidoskop" (Stuttgart 2007) heißt es, die streng katholische Glasmacherfamilie Greiner sei 1525 vor aufrührerischen Bauern aus dem Schurwald bei Esslingen nach Thüringen geflohen: „Hans Greiner gründete in Langenbach im Kreis Schleusingen eine Glashütte, ist aber schon wenige Jahre später gestorben. Den Durchbruch schaffte erst sein gleichnamiger Urenkel, der, obwohl in Langenbach geboren, zur Unterscheidung von seinem Vorfahren ‚Schwabenhans' genannt wurde. Er gründete 1597 mit seinem wohl aus Böhmen stammenden Partner Christoph Müller ... eine Glashütte im hochgelegenen (580 bis 780 Meter) Lauschatal, die vom Herzog Kasimir von Sachsen-Coburg gefördert wurde. Sie gilt als Mutterglashütte Thüringens, weil das ein halbes Jahrhundert ältere Unternehmen in Langenbach eine sogenannte ‚Wanderglashütte' war, deren Betreiber häufig wechselten. Lauscha blieb dagegen lange Zeit im Besitz der Gründerfamilien und war Ausgangspunkt weiterer Glashütten – nicht nur in Thüringen, sondern auch in Preußen und Rußland. In Lauscha selbst, das heute etwa 4000 Einwohner hat, wurde die Glasverarbeitung bald immer differenzierter, so durch Veredelung (Schliff, Malerei) und Bläserei (Glasperlen, Figuren, Christbaumschmuck)." Was im 16. Jahrhundert aus Württemberg abwanderte, kam 420 Jahre später zurück: Nach dem Zweiten Weltkrieg fand die Gablonzer Glasindustrie aus Böhmen in Schwäbisch Gmünd eine neue Heimat.

Fremde Wurzeln großer Schwaben

Schwaben gilt neben Sachsen als deutsche Genieland-
schaft schlechthin: Sieht man etwas genauer hin, sind
einige Genies freilich Importware: Die Familie des Klas-
sikerverlegers Johann Friedrich Cotta stammt ursprünglich aus Sachsen, die des Auto-Erfinders Gottlieb Daimler aus Thüringen und die des Dichters Eduard Mörike
aus der Mark Brandenburg.

Aber auch ohne diese „Importe" ist die Zahl der
Schwaben, die von Theodor Heuss und seinen Mither-
ausgebern in das Werk „Die großen Deutschen" aufgenommen wurden, größer als die der Sachsen. Zu ihnen
gehören Kaiser Friedrich Barbarossa, die Dichter Hartmann von Aue, Friedrich Schiller, Friedrich Hölderlin,
Ludwig Uhland und Bert Brecht, die Maler Konrad Witz
und Hans Baldung Grien, die Philosophen Georg Wilhelm Friedrich Hegel und Friedrich Wilhelm Schelling,
der Astronom Johannes Keppler, der Nationalökonom
Friedrich List sowie die Physiker Julius Robert Mayer
(der auch und vor allem Arzt war) und Albert Einstein

Nur bei den musikalischen Begabungen dominiert
Sachsen mit Georg Friedrich Händel, Robert Schumann
und Richard Wagner, während die Schwaben bloß ein
mittleres Talent wie den populären Liederkomponisten
Friedrich Silcher hervorgebracht haben und allenfalls
darauf verweisen können, daß der Vater von Wolfgang
Amadeus Mozart aus Augsburg stammt.

Nobelpreisträger aus und in Baden-Württemberg

In Baden-Württemberg geborene Preisträger

- 1921 Albert Einstein, geb. 1879 in Ulm, gest. 1955 in Princeton/USA: Physik

- 1927 Heinrich Wieland, geb. 1877 in Pforzheim, gest. 1953 in München: Chemie

- 1931 Otto Heinrich Warburg, geb. 1883 in Freiburg im Breisgau, gest. 1970 in Berlin: Physiologie oder Medizin

- 1935 Hans Spemann, geb. 1869 in Stuttgart, gest. 1941 in Freiburg im Breisgau (der Sohn eines bekannten Buchverlegers): Physiologie oder Medizin

- 1946 Hermann Hesse, geb. 1877 in Calw, gest. 1962 in Montagnola/Schweiz: Literatur

- 1986 Ernst Ruska, geb. 1906 in Heidelberg, gest. 1988 in Berlin: Physik

- 1988 Hartmann Michel, geb. 1948 in Ludwigsburg: Chemie

- 1991 Bert Sakmann, geb. 1942 in Stuttgart: Physiologie oder Medizin

- 2001 Wolfgang Ketterle, geb. 1957 in Heidelberg: Physik

- 2005 Theodor W. Hänsch, geb. 1941 in Heidelberg: Physik

- 2007 Gerhard Ertl, geb. 1936 in Stuttgart: Chemie

(Von den 94 deutschen oder deutschstämmigen Nobelpreisträgern wurden elf in Baden-Württemberg geboren, was 11,7 Prozent entspricht)

Preisträger, die in Baden-Württemberg gelebt haben oder leben

- 1905 Philipp Lenard, geb. 1862 Preßburg/Bratislava, gest. 1947 Messelshausen (heute zu Lauda-Königshofen): Physik

- 1910 Albrecht Kossel, geb. 1853 in Rostock, gest. 1927 in Heidelberg: Physiologie oder Medizin

- 1931 Carl Bosch, geb. 1874 in Köln, gest. 1940 in Heidelberg (ein Neffe von Robert Bosch): Chemie

- 1938 Richard Kuhn, geb. 1900 in Wien, gest. 1967 in Heidelberg: Chemie

- 1939 Gerhard Domagk, geb. 1895 in Lagow/Mark Brandenburg, gest. 1964 in Burgberg im Schwarzwald: Physiologie oder Medizin

- 1954 Walter Bothe, geb. 1891 in Oranienburg, gest. 1957 in Heidelberg: Physik

- 1956 Werner Forßmann, geb. 1904 in Berlin, gest. 1979 in Schopfheim im Schwarzwald: Physiologie oder Medizin

- 1963 Hans Jensen, geb. 1907 in Hamburg, gest. 1973 in Heidelberg: Physik

- 1979 Georg Wittig, geb. 1897 in Berlin, gest. 1987 in Heidelberg: Chemie

- 1985 Klaus von Klitzing, geb. 1943 in Schroda (heute Sroda) im Wartheland (heute Polen), lebt in Stuttgart: Physik

- 1995 Christiane Nüßlein-Volhard, geb. 1942 in Magdeburg, lebt in Tübingen: Physiologie oder Medizin

Die ältesten Deutschen

Die Luft in Baden-Württemberg scheint besonders lebenserhaltend zu sein: 107 Jahre alt wurde Franz Künstler, der Ende Mai 2008 in Niederstetten bei Bad Mergentheim, bekannt durch den größten freien Ferkelmarkt Deutschlands, gestorben ist. Er war damit der älteste Deutsche der Gegenwart und hatte noch den Ersten Weltkrieg mitgemacht, weshalb er als „letzter

Soldat des Kaisers" oft um Autogramme gebeten wurde. Einen Rekord hat Franz Künstler mit 107 Jahren freilich nicht aufgestellt, den hält immer noch der Salzburger Emigrant Georg Wunder, der 1761 im 135. Lebensjahr im thüringischen Greiz gestorben ist – allerdings geht sein Geburtsjahr 1626 auf eigene Angaben zurück, denn weder seine Geburtsurkunde noch sein Geburtsort, das österreichische Wülcherstadt, sind auffindbar. Vier Jahre älter als Künstler wurde Frieda Borchert, die im Juni 2008 als älteste deutsche Frau in Berlin starb. Auch die sprichtwörtliche "Berliner Luft" wirkt offenbar lebenserhaltend.

Das deutsche Schlemmerland

Vor Jahren war der Südwesten in der Landkarte eines Buchs über „Die besten Restaurants und Hotels in Deutschland" auf den ersten Blick scheinbar leer ausgegangen. Denn: Hier gibt es so viele gute Adressen, daß dafür eine eigene Karte notwendig gewesen ist. Allein Baiersbronn bei Freudenstadt und seine Umgebung locken mit fünf beachtenswerten bis erstklassigen Restaurants. Heute ist man stolz darauf, in einem solchen Schlemmerland zu leben. Früher war das anders. So wurde 1884 in einer Geschichte Württembergs geklagt: „Wir haben bereits auf 97 Seelen eine Wirtschaft - mehr als sonst irgend ein deutsches Land ..." (Inzwischen, 2006, kommen 329 Einwohner auf einen Betrieb des baden-württembergischen Gastgewerbes).

In eigener Sache

Was nicht an mir liegt

Seit meinem 40. Geburtstag gehe ich davon aus, daß, wenn ich etwas nicht verstehe, dies im Zweifel nicht an mir liegt, sondern an dem, der das sagt oder schreibt. Ich bin gut damit gefahren.

Die Befreiung der Lyrik

Ich habe in jüngster Zeit eine prägnante Neufassung des Nibelungenliedes vorgestellt. Vor Jahren wäre ich beinahe Präsident des Deutschen Bühnenvereins geworden. Aber mein schwäbischer Dialekt, der „Bühne" als „Biehne" ausspricht, hätte mich der Vermutung ausgesetzt, ich sei ein Imker. Bei zahlreichen Ausstellungen im Ulmer Raum hat sich mir im Gespräch die bildende Kunst erschlossen und mich von meinem Aberglauben, es müsse alles etwas sein, abgebracht. Wenn der Künstler das, was er sagen möchte, in Worten ausdrücken könnte, müßte er sich die Mühe, das Kunstwerk herzustellen, nicht aufladen. Durch solche Erkenntnisse und Anregungen ermutigt, bin ich einer der meist ge- und verkauften Lyriker deutscher Sprache geworden. Zur Zeit bemühe ich mich, die klassische deutsche Lyrik aus den Geistesfriedhöfen der Bücherschränke zu befreien, zu kürzen, zu modernisieren und von frauen- und ökologiefeindlichen, unlogischen, rassistischen und grausamen Inhalten zu reinigen. Von der Kultur muß man Gebrauch machen, auch wenn es ein Mißbrauch ist. Der fortschrittlichste Menschentyp, der Theatermacher, zeigt uns den Weg. Wenn nach Inszenierung eines klassischen Theaterstücks die Zuschauer nach dem ersten Akt nicht daran zweifeln, ob sie im richtigen Stück sind oder sich im Datum geirrt haben, hat die Kunst eine Chance verpaßt.

Die eigenen Reden

Wenn man nicht mal einige seiner Reden selber macht, wird man vollends zur Kasperlesfigur.

Eine fremde Katze oder Die besonders erfolgreiche Art der Hausbesetzung

Wir, das sind meine Frau und ich, Tochter und Schwiegersohn und deren Kinder, sind Opfer einer Hausbesetzung. Nicht Menschen haben unser Haus besetzt, sondern eine Katze. Wir wußten anfangs noch nicht, ob es sich um ein Weibchen oder einen Kater handelt, ob das Tier sterilisiert oder geimpft wurde. Wir kannten ihren Namen nicht, wußten nicht, ob sie jemandem gehört – uns jedenfalls nicht: Aber sie lebt bei uns und zwingt uns Tag und Nacht ihre Lebensweise auf. Ihr Fell ist dunkelgrau mit weißen Partien auf der Brust, sie ist kräftig gebaut; sie faucht und schnurrt, wenn überhaupt, ganz leise. Sie beißt auch, aber sanft. Sie springt uns unaufgefordert auf die Knie, krallt sich dort fest und läßt sich nur mit Mühe wieder entfernen. Trotz mehrmaliger Abmahnung springt sie auf den Küchentisch, um ihre Lieblingsnahrung zu ertrotzen. Wenn mehrere geschlossene Dosen mit Katzenfutter verschiedener Sorten auf dem Küchentisch stehen, schnuppert sie an allen und zieht die Dose zu sich her, deren Inhalt ihr am besten schmeckt und die am teuersten ist. Ein überdachtes Katzenklo ist ihr offensichtlich unbekannt. Als wir eines kauften, um das Schlimmste zu verhüten, betrachtete sie es als eine Art Himmelbett, in dem sie tagsüber schläft. Am Schwanz ziehen läßt sie sich nicht gerne. Sie ist deshalb als Spielgefährte unserer Enkelkinder ungeeignet.

Wir hatten früher zwei Katzen, Moritz und Minka, die aber schon vor Jahren an Leberleiden verstorben sind, obwohl ich mich nicht erinnern kann, sie jemals Alkohol trinken gesehen zu haben. Nach Auskunft eines Veterinärs hätte Moritz geheilt werden können, wenn er Magerquark zu fressen bereit gewesen wäre. Doch er spuckte den ihm gewaltsam in den Rachen geschobenen Quark so lange wieder aus, bis wir diese Behandlung aufgaben. Noch heute höre ich das scharrende Geräusch, das in unserem Wohnzimmer zu hören war, wenn Moritz an den von meinen Eltern geerbten Polstermöbeln seine Krallen schärfte. Bald sahen diese aus wie Sperrmüll, den mitzunehmen sich das Stadtreinigungsamt geweigert hatte.

Inzwischen haben wir Ledermöbel, auf deren Unversehrtheit wir Wert legen. Jetzt kommt es darauf an, die Türen im Inneren des Hauses so zu schließen, daß die Katze weder die Möbel zerkratzen noch in oder auf unseren Betten liegen kann, aber doch freien Zugang und Ausgang hat, damit sie ihren Bedürfnissen möglichst außerhalb des Hauses nachkommen kann.

Eine solche Strategie ist möglich, erfordert aber eiserne Disziplin. Sobald irgendwo ein Spalt offen ist, ist die Katze schon durchgeschlüpft und unterwegs zu den Polstermöbeln oder zu einem Bett, wobei es ihr wohl egal ist, ob schon jemand drin liegt oder nicht, denn sie ist ein anschmiegsames Tier.

Es begann alles ganz harmlos. Nach dem Heimgang von Moritz und Minka schafften wir keine Katze mehr an und begnügten uns mit einer Mitgliedschaft im Verein „Katzenhilfe". Meine Frau wurde jedoch am Küchenfenster ständig von Katzen angebettelt. Sie meinte, es sei im Sinne von Moritz und Minka und diene deren Andenken besser als ein Grab auf einem der virtuellen Katzenfriedhöfe im Internet, wenn sie gelegentlich ein paar Essensreste in einem Napf als Futter vor die Tür stellte. Die Folge war, daß sich schließlich mehrere Katzen aus der Nachbarschaft vor dem Küchenfenster einfanden. Die weitere Folge war, daß die Reste nicht mehr ausreichten, so daß meine Frau Katzennahrung kaufte und anbot. Die Katzen wußten aber bereits, daß es Katzennahrung in verschiedenen Preisklassen gibt und der Inhalt der teuersten Dose am besten schmeckt. Nachmittags und abends gingen die Katzen wieder

nach Hause, denn sie sind weder obdach- noch wohn-
sitzlos. Am anderen Tag erschienen sie wieder vor unserem Küchenfenster.

Nur eine Katze verbrachte die Nacht immer öfter auf
unserer Terrasse in einem Gartenstuhl. Wir beobachte-
ten das mit Besorgnis. Die Besorgnis erwies sich als
begründet, denn die Katze drängte bei jeder Gelegenheit
in unser Haus, offenbar in der irrigen Meinung, ein
mehrmaliger nächtlicher Aufenthalt auf dem Gartenstuhl habe sie zum Vollmitglied der Hausgemeinschaft
gemacht. Zuerst komplimentierten wir sie immer wieder
hinaus, doch dann wurde es kälter. Und mit der Außen-
temperatur verminderte sich auch unsere seelische Wi-
derstandskraft, vor allem die meiner Frau.

Mein Hinweis, daß auch die Igel, Mäuse und Vögel
frören, ohne daß man ihnen die Aufnahme in die Hausgemeinschaft anbiete, wurde nicht anerkannt. Sogar ein
Fenster bleibt jetzt einen Spalt breit offen. Kein Zweifell,
die Katze kann sich darauf berufen, daß sie geduldet
wird. Das führt nicht zur Staatsbürgerschaft, begründet
aber möglicherweise eine Art Aufenthaltsrecht.

Nachts grübelte ich über die Folgen nach, wenn sich
herausstellte, daß die Katze weiblich und nicht sterilisiert
wäre. Zweimal im Jahr würden uns die weiblichen Katzen Nachwuchs bescheren, etwa fünf je Wurf. Ich begann
zu rechnen und erschrak.

Zum Glück stellte sich heraus, daß die Katze ein Kater
war, dessen Nachwuchs jedenfalls nicht unser Haus be-
lasten würde, und daß dieser Kater seine Krallen an
unserem Apfelbaum und nicht an unseren fast neuen

... 153 ...

Ledersesseln schärft. Es zeigte sich auch, daß er aus einem wohlhabenden und kultivierten Haushalt stammen mußte, denn er fraß, wenn überhaupt, nur das teuerste Futter. Was übrig blieb, forderte ein weit größerer, dicker, rabenschwarzer Kater, der seitdem fast täglich an unserer Türe erscheint. Unser neuer Mitbewohner mag den Dicken nicht und würde es für besser halten, wenn wir den verhungern ließen. Das aber verstieße gegen unsere Wertvorstellungen.

Eines Tages streunte der dunkelgraue Kater durch unseren Garten, da ertönte ein Ruf: „Das ist doch unser Montag!" Es waren seine ursprünglichen Eigentümer, sie wohnen etwa hundert Meter von uns entfernt. Nach dem Vorbild von Robinson Crusoe hatten sie ihn Montag genannt, weil er an eben diesem Wochentag in die Familie aufgenommen worden war. Als Leute, die aus Überzeugung fremdes Eigentum respektieren, waren wir selbstverständlich bereit, ihn auszuliefern. Er kam in einen Korb und wurde abtransportiert. Etwa 40 Minuten später war er wieder bei uns. Dieser Vorgang wiederholte sich mehrmals. Seine Familie hatte ohne seine Genehmigung einen Hund angeschafft, was ihn veranlaßte, seinen Wohnsitz zu uns zu verlegen.

Eine Zeitlang haben wir ihn nicht mehr gefüttert, um ihn in seine alte Heimat zurückzuzwingen. Aber meiner Frau brach fast das Herz, wenn sie ihn auf unserer Haustürschwelle vorfand. Besorgt, wegen des Katers noch zum Witwer zu werden, stimmte ich der Wiederaufnahme der Fütterung zu. Er fraß ein paar Bissen und schlief ein. Jetzt ist er wieder dauerhaft bei uns.

Ein so faules Lebewesen gibt es kein zweites Mal. Nur wenn meine Frau in die Küche geht, läuft er manchmal hinter ihr her in der Hoffnung, etwas vorgesetzt zu bekommen, was ihm schmeckt. Das ist aber wie bei allen, die sich nicht oder kaum körperlich betätigen, fast nichts. Und wenn doch, ist keineswegs sicher, daß es ihm am nächsten Tag auch schmeckt. Ansonsten schläft Montag Tag und Nacht, und zwar dort, wo er am meistern stört, etwa in unseren Betten.

Es macht ihm nichts aus, ob jemand bereits darin liegt oder nicht. Er liegt dann eben obendrauf. Versuche, ihn vom einmal eingenommenen Platz zu vertreiben, begegnen seinem entschlossenen Widerstand: Er krallt sich fest. Wenn er mein Bett blockiert, schüttle ich meine Bettdecke samt dem sich an ihr festkrallenden Kater so lange, bis er herunterfällt. Daraufhin begibt er sich im allgemeinen in mein Arbeitszimmer und legt sich auf meinen Drehstuhl, von dem er auch dann nicht herunterfällt, wenn man ihn stark rotieren läßt. Erst wenn man den ganzen Stuhl umkehrt, dann geht er. Meistens liegt er aber in unserem Wohnzimmer auf der Fensterbank. Auf Besucher, die arglos auf einem vor dem Fenster stehenden Sofa Platz nehmen, läßt er sich oft herunterfallen in der Erwartung, daß sie ihn auf den Schoß nehmen und streicheln. Wer kann seinen Gästen Originelleres bieten?

Nur selten gibt es zwischen ihm und uns Zielkonflikte. Vor einiger Zeit hatte sich auf unserem Dachboden ein Meisle (der Vogel, nicht mit einem Mäusle zu verwechseln) verirrt, das versuchte, durch eine Fensterscheibe wieder ins Freie zu gelangen, was einer Meise noch nie gelungen ist. Unsere Nachbarin und die um sie versammelte Kinderschar bemerkten die sich entfaltende Tragödie und machten uns auf sie aufmerksam. Unserer Nachbarin gelang es, die Bühnentreppe gebrauchsfertig zu machen und das Meisle zu befreien. Zuvor war jedoch unser Kater erschienen – mit unseren Bestrebungen völlig entgegengesetzten Vorstellungen. Man stelle sich vor, wie es auf die Zuschauer gewirkt hätte, wenn das Meisle statt befreit im Maul unseres Katers am Dachbodenfenster erschienen wäre. Nicht auszudenken!

Die Alten und das Risiko

Als ich neulich nahe meiner Wohnung in Stuttgart-Sillenbuch von einem Spaziergang nach Hause zurückkehrte und mich absolut sicher wähnte, zischte plötzlich und unerwartet, wenige Zentimeter von meinem linken Ellbogen entfernt, ein von hinten kommender Radfahrer an mir vorbei, der mir „Guten Morgen" zurief und offenbar demonstrieren wollte, wie präzise er auch auf stark geneigter Straße sein Fahrrad zu lenken vermochte. Ich erwiderte seinen Gruß und hätte ihm auch meine Anerkennung zum Ausdruck gebracht, wenn er nicht schnell davon gefahren wäre.

Ich denke stets an die Pflicht alter Leute, auf der Straße und auf dem Bürgersteig strikt geradeaus zu gehen und keine hastigen Bewegungen zu machen, die Skateboard- oder Rollschuh- oder Fahrradfahrer nicht voraussehen können. Ich habe auch darüber sinniert, ob es angemessen sei, wenn ein ehemaliger Schultes der Automobilstadt Stuttgart von einem Fahrrad überfahren wird und nicht wenigstens von einem Daimler der A-Klasse, aber ich habe diesen Gedanken sofort verworfen. Schließlich beruhigte mich die im Krieg gemachte Erfahrung, daß, wenn man einen Granateinschlag hört, diesen überlebt hat. Gleiches trifft auf den Verkehrsunfall zu.

Aus solchen Unzulänglichkeiten im Leben alter Menschen will ich keine Forderungen an Staat und Gesellschaft ableiten. Bei der ungünstigen Altersgliederung ist die Versorgung der Alten ohnehin ein Problem, dessen Lösung die Anspannung aller Kräfte erfordert. Sinnvolle Beschränkungen des Ausgabenzuwachses für alle Aufgaben sind notwendig, auch für die Sozialhilfe, das Arbeitslosengeld und die Leistungen der Krankenversicherungen. Der Anteil der alten Menschen an der Bevölkerung wird immer größer, und der Anteil der im Beruf Stehenden, welche nach dem Generationenvertrag die Renten, Pensionen und die Sozialhilfe erwirtschaften und aufbringen sollen, wird immer kleiner. Die Medizin wird immer leistungsfähiger, freilich auch kostspieliger, und die Menschen werden immer älter und verweilen im Ruhestand viel länger als früher. Schön wäre es, wenn jedem kranken Bürger bestmögliche Genesungschancen nach dem neuesten Stand der medizinischen Wissenschaft eingeräumt werden könnten. Aber die Finanzierung ist nicht einfach.

Unsere Gutmenschen werden sagen, das muß auch finanziert werden, wenn kein Geld da ist, denn es geht um Moral. Aber wenn die Moral Geld kostet, kommt es schon darauf an, ob Geld da ist oder nicht. Daß die Altersgliederung in Deutschland ein soziales Problem wird, ist seit mehr als zwei Jahrzehnten bekannt. Ich wurde damals darauf durch Berechnungen aufmerksam, die mir der frühere SPD-Vorsitzende von Baden-Württemberg und Innenminister Walter Krause zugesandt hatte. Ich baute das Thema in meine Reden ein und langweilte die Zuhörer fürchterlich, worauf ich es wegließ und der Schlußapplaus sich wieder verbesserte. Jetzt wissen wir, worum es geht, wenigstens einigermaßen. Dieser Themenkreis verbindet ethische und praktische Fragen, wie das bei allen sozialen Aufgaben der Fall ist. Um so heikle Fragen wird gerne herum geredet – unter Berufung auf Anstand und Moral, aber man prüfe gerade in solcher Lage, ob mehr Klarheit wirklich unmoralisch ist und ob es wirklich der Orientierung dient, wenn in einem dunklen Keller auch noch das Licht ausgemacht wird.

Wir Alten werden stets in der Minderheit sein, aber diese Minderheit wird sich vergrößern. Dennoch wird es keinen Krieg der Generationen geben, denn die alte Generation legt großen Wert auf das Wohlergehen der jungen, und die Jungen werden die Alten auch mit etwas Sympathie sehen, besonders dann, wenn diese sie nicht ständig beraten wollen. Vor allem aber dürfen sie daran denken, daß auch sie einmal zu den Alten zählen werden. Mathematisch ließen sich Fragen der Finanzierung unserer Altersversorgung um so leichter und großzügiger lösen, je länger die Menschen arbeiten und je früher sie sterben. Bislang hat noch keine Partei diesen zwar mathematisch schlüssigen, aber moralisch bedenklichen und praktisch nicht nutzbaren Gedanken zur Grundlage eines Konzepts gemacht.

Das unsere Verfassung beherrschende Prinzip der Achtung vor der Menschenwürde verbietet, die alte Generation, sofern sie nicht als Erblasser nützlich ist, nur als störenden Kostenfaktor anzusehen. Aber die Sorge für die alte Generation bleibt eine Verpflichtung der Politik, ohne die es für keinen eine gute Zukunft geben kann. Ich werde jedenfalls versuchen, weiterzuleben in der sicheren Zuversicht, daß, wenn mich einmal ein Motorradfahrer oder Radfahrer überfahren sollte, er das nicht absichtlich getan hat.

Ein Rommel als „Tranksteuereinnehmer"

Jacob Rommel in Trusen bei Schmalkalden/Thüringen war im 17. Jahrhundert nicht nur Gastwirt, sondern auch „Tranksteuereinnehmer", damals wie heute sicher keine beliebte Funktion. Einer seiner Nachfahren errang im 19. Jahrhundert als kaiserlich-russischer Staatsrat, Professor an den Universitäten von Charkow und Marburg an der Lahn und Direktor des Kurfürstlich-hessischen Haus- und Staatsarchivs in Kassel gleich zwei Adelsbriefe – 1810 einen russischen, 1828 einen hessischen. 1838 wurde auch sein Bruder, ein preußischer

Major, geadelt – so weit brachten es die bürgerlichen Rommels in Süddeutschland nicht, die meist Professoren und Rektoren waren, auch wenn „Rommels Schlößchen" am Freiburger Schwabentor das Gegenteil zu beweisen scheint: Es ist um 1900 im Breisgau nur ein beliebtes Bierlokal gewesen und hieß nach einer Brauerei!

Einer meiner Urgroßväter wurde als Regierungspräsident des Schwarzwalds zwar geadelt, aber nur er und seine Frau konnten das seinerzeit begehrte Prädikat vor ihren Namen setzen, vererben konnten sie es nicht. Meine Mutter dagegen kam wenigstens zur Hälfte aus einer adligen Familie, die urkundlich zuerst 1515 in Stettin erscheint und Malotka oder Malottki hieß. Ihr Wappen sind drei silberne Streithämmer. Mir würde die blaue Wölfin aus dem Wappen der adligen Rommels besser gefallen, weil sie zwei nackte Knaben säugt, die als Romulus und Remus interpretiert werden. In Wirklichkeit hat mein Name wohl nichts mit den Römern zu tun, sondern stammt laut „Deutschem Wörterbuch" der Brüder Grimm aus dem Niederländischen und bedeutet Rummel, also Wirrwar, um nicht zu sagen Lärm oder ungeordneter Haufen. Besser gefällt mir da schon eine Erklärung wie „Die Gesamtheit von Gutem und Schlechtem", die die Grimms ebenfalls nicht ausschließen. Der „Duden" freilich spricht von einer Rufnamen-Kurzform, aus *hruom* (althochdeutsch = Ruhm, Ehre) entstanden. Das hätte wahrscheinlich auch den Steuereinnehmer in Thüringen gefreut, von dem ich nicht einmal weiß, ob und wie er mit mir verwandt ist.